LE GÉNIE

DE

L'ARCHITECTURE,

OU

L'ANALOGIE

DE CET ART

AVEC NOS SENSATIONS.

Par M. le Camus de Mézieres, Architecte.

Non satis est placuisse oculis, nisi pectora tangas.
C'est peu de plaire aux yeux, il faut émouvoir l'ame.
POEME de la Peinture par le P. MARSY.

A PARIS,

Chez
{
L'Auteur, rue du Foin Saint-Jacques au
Colleg. de Maître Gervais.
BENOIT MORIN, Imprimeur-Libraire,
rue Saint Jacques, à la Vérité.

M. DCC. LXXX.

AVEC APPROBATION, ET PRIVILEGE DU ROI.

A

MONSIEUR WATELET,

DE l'Académie Françoise, Honoraire de l'Académie Royale de Peinture & de Sculpture, de celle d'Architecture, Associé libre de la Société Royale de Médecine, Membre des Académies de Vienne, de Madrid, de Berlin, de Rome, de Florence, de Parme, & de l'Institut de Bologne, &c.

MONSIEUR,

C'EST au talent, c'est au mérite que je dédie cet Ouvrage ; vous aimez, vous

cultivez les Arts : le Crayon , le Burin
vous sont familiers; Vous avez chanté
l'art de peindre. Votre Essai sur les
Jardins nous rappelle l'Age d'or , vous
le faites régner dans les lieux charmans
que vous décrivez. Vos Ouvrages ,
Monsieur , ont animé mon zèle , je
vous en offre le fruit ; c'est un tribut que
je vous dois. Je réclame votre indulgence ,
& je vous supplie d'agréer le respect
avec lequel je suis ,

MONSIEUR,

Votre très - humble &
très-obéissant serviteur,
LE CAMUS DE MÉZIERES.

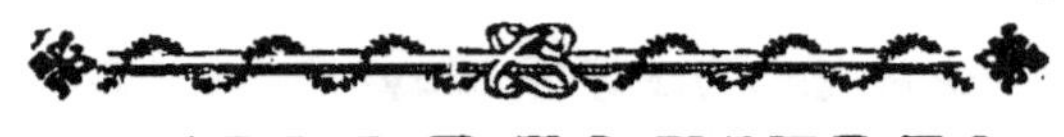

TABLE DES TITRES

Contenus dans ce Volume.

FIN.

INTRODUCTION.

Personne n'a encore écrit sur l'analogie des proportions de l'Architecture avec nos fenfations ; nous n'en trouvons que des fragmens épars, peu approfondis, &, pour ainfi dire, jettés au hafard.

On peut les regarder comme des diamans dans leur enveloppe groffiere, qui attendent le fecours de l'art pour jouir de tout leur éclat.

C'eft un fujet neuf à traiter ; auffi n'offrons-nous ce travail que comme un fimple effai, dans le deffein d'exciter des génies plus heureux , à faifir le même point de vue , & à faire fur cette matiere un Ouvrage complet digne du fiecle éclairé dans lequel nous vivons.

Jufqu'ici on a travaillé d'après les proportions des cinq Ordres d'Architecture, employés dans les anciens Edifices de la Grece & de l'Italie : c'eft un modele précieux; on ne pouvoit mieux faire. Mais combien d'Artiftes n'ont employé ces Ordres que machinale ment, fans faifir les avantages d'une combinaifon qui pût faire un tout caractérifé, capable de produire certaines fenfations ; ils n'ont pas conçu plus heureufement l'analogie & le rapport de ces proportions avec les affections de l'ame.

Nous voyons quelquefois des morceaux d'Architecture qui furprennent , qui font impreffion , mais qui laiffent le jugement incertain : il refte quelque chofe à defirer : quelle en eft la caufe ? C'eft qu'ils font enfans du caprice : quoiqu'il y regne du goût, & que le génie perce , on reconnoît , en les examinant , que l'exécution eft douteufe , & que les vrais principes de l'Art ont été méconnus ou négligés. Il exifte cependant d'heureufes productions de ces vaftes génies , vrais phénomenes de leur fiecle : prenonsles pour modèles ; difcutons-les avec une attention raifonnée ; démêlons les caufes qui les font agir fur notre ame ; & par cette voie formons-nous des principes.

Notre objet eft de développer ces caufes par nos Obfervations fur les Edifices les plus remarquables ; fur ceux qui nous auront frappés ; & d'après les fenfations que nous aurons nous-mêmes éprouvées. La nature & l'art nous guideront de concert : c'eft leur marche que nous voulons fuivre ; heureux, fi ce travail ne furpaffe pas nos forces.

Occupé de ces obfervations depuis ma jeuneffe, mon zèle s'eft foutenu en fixant mon attention fur les ouvrages de la nature. Plus j'ai examiné, plus j'ai reconnu que chaque objet poffede un caractere qui lui eft propre, & que fouvent une feule ligne, un fimple contour fuffifent pour l'exprimer. La face du lion, celles du tygre & du léopard font compofées d'un affemblage de traits qui les rendent terribles, & portent l'épouvante dans les ames les plus fermes. On apperçoit dans la tête du chat le caractere de la trahifon : la douceur & la bonté font peintes fur celle d'un agneau ; le mafque du renard annonce la fineffe & l'aftuce : un feul trait les caractérife.

Le célebre le Brun (1), dont les talens honorent fa patrie, nous a prouvé la vérité

____

(1) Charles le Brun, premier Peintre de Louis XIV, mort à Paris en 1690, a laiffé au Public le caractere des paffions deffiné au fimple trait.

de ce principe en nous donnant fon caractere des paffions ; il a exprimé les différentes affections de l'ame , & rendu par une feule ligne la joie , la trifteffe , la colere , la fureur , la commifération , &c.

Ainfi , dans les objets inanimés , la forme nous rend les uns flatteurs , les autres défagréables. Une fleur charme les yeux , une douce fympathie nous attire , la difpofition de fes parties nous attache. Pourquoi les productions de l'Art que je traite n'auroient-elles pas le même avantage ? Une conftruction fixe nos regards par fa maffe ; fon enfemble nous attire ou nous repouffe. En examinant un monument , nous éprouvons différentes fenfations oppofées les unes aux autres : là, c'eft la gaieté ; ici , la mélancolie. L'une concentre notre ame dans le recueillement; l'autre l'éleve à l'admiration , la retient dans le refpect , &c.

Quelles font les caufes de ces différens effets ? Démêlons-les , s'il eft poffible , l'exiftence n'en eft pas douteufe; combien fe montrera-t-elle plus fenfible , fi l'on réunit à l'Architecture , la Peinture & la Sculpture ? Qui peut réfifter alors à cette triple magie dont les preftiges font éprouver à l'ame prefque toutes les affections & fenfations qui nous. font connues ? Voulons - nous en juger avec cer-titude & fatisfaction ? Jettons les yeux fur les décorations de nos Théatres , où la fimple imitation. des ouvrages enfantés par l'Archi-tecture détermine nos affections. Ici , c'eft le Palais. enchanté d'Armide ; tout y eft à la fois magnifique & voluptueux ; on devine qu'il fut élevé par les ordres de l'Amour. La toile change ; c'eft le féjour de Pluton qui porte l'horreur & l'effroi dans les ames. Voyons-nous le Temple du Soleil ? il produit l'admiration. L'afpect d'une Prifon fait naître la trifteffe ; des Appartemens deftinés à une fête , entourés de jardins , de fontaines & de fleurs , excitent la gaieté & préparent aux plaifirs. A la vue de la forêt de Dodone , l'ame eft émue ; on eft faifi de l'horreur facrée des bois.

Le fameux Servandoni (1) , dont le génie.

---

(1) Servandoni a été en France Architecte , Peintre & Décorateur du Roi, & Membre des Académies établies pour ces différens Arts. Il eut les mêmes qualités auprès des Rois d'Angleterre , d'Efpagne , de Pologne , & du Duc régnant

A 3

fécond & la connoiſſance des ſecrets de ſon Art
nous ont ſurpris & charmés ſur la ſcêne (1),
a ſçu , dans un Spectacle muet , faire éprouver l'effet de l'ardeur brûlante du Soleil. On
y voyoit le Camp de Godefroy en proie aux
feux de la Canicule ; preſqu'aucune ombre ,
un ciel rougeâtre , une terre aride , un effet
de lumiere qui rappelloit celui d'un air en-
flammé ; tout y produiſoit une illuſion dont
aucun Spectateur n'étoit à l'abri ; on croyoit
ſouffrir , on étoit ſoumis à la puiſſance de l'Art.
Il eût ſans doute , avec autant de ſuccès , fait
paſſer dans nos ames l'idée d'un froid cuiſant ,
s'il nous eût préſenté l'image de ces climats
où quelques bouleaux dépouillés ſont les ſeuls
végétaux qui s'élevent ſur des rochers couverts
de neiges éternelles ; un air ſombre , un ciel
pâle & uniforme auroit annoncé de nouveaux
frimats prêts à ſe répandre. Des fleuves glacés
& immobiles , des ſources ſurpriſes & comme
arrêtées dans leur ſuite , n'auroient préſenté

---

de Wirtemberg. En Portugal , il a été décoré de l'Ordre
Royal de Chriſt. Il eſt mort à Paris , le 19 Janvier 1766.

(1) Repréſentation en machines , donnée ſur le Théatre
des Thuilleries , en 1741.

qu'une nature privée de vie & de mouvement.
Ce fpectacle nous eût fait friffonner. Que
n'éprouvons-nous pas dans les oppofitions des
ténebres les plus épaiffes, & du jour le plus
pur, dans les agrémens du calme & les dé-
fordres de la tempête & des vents? Les nuances, les gradations nous affectent.

Ce font donc les difpofitions des formes,
leur caractere, leur enfemble qui deviennent
le fond inépuifable des illufions. C'eft de ce
principe qu'il faut partir, lorfqu'on prétend
dans l'Architecture produire des affections,
lorfqu'on veut parler à l'efprit, émouvoir
l'ame, & ne pas fe contenter, en bâtiffant,
de placer pierres fur pierres, & d'imiter au
hafard des difpofitions, des ornemens con-
venus ou empruntés fans méditation. L'intention motivée dans l'enfemble, les proportions
& l'accord des différentes parties produifent
les effets & les fenfations.

Confultez fans ceffe, & ayez pour objet
principal l'harmonie des proportions & des
rapports mutuels de chaque partie; elle feule
forme l'enchantement dont notre ame eft épri-
fe. Tâchons d'en connoître les caufes, exa-

A 4

minons-en les principes , afin d'en pouvoir établir les regles.

L'analogie des proportions de l'Architecture avec nos fenfations , forme une fuite de réflexions qui établit la Métaphyfique intéreffante , d'où dépendent les progrès de cet Art. Nous avons cherché à écarter l'attirail fcholaftique & tout ce qui reffent la fubtilité des raifonnemens , en évitant la féchereffe des principes , & répandant , autant qu'il nous a été poffible , fur ceux que nous avons établis , un coloris agréable , par des comparaifons , des defcriptions & des exemples.

Telles font les loix que nous nous fommes prefcrites dans cet Ouvrage ; les détails dans lefquels nous fommes entrés s'étendent jufqu'aux différentes diftributions des Edifices. Nous avons parlé des caracteres relatifs à chaque endroit , à chaque piéce d'une Maifon , fans oublier ce qui eft propre & convenable à l'état des perfonnes qui doivent l'habiter.

L'Edifice que fait conftruire un grand Seigneur , le Palais d'un Evêque , l'Hôtel d'un Magiftrat , la Maifon d'un Militaire , celle d'un riche Particulier , font des objets qui

doivent être différemment traités. Les fenfations qu'ils excitent ne font pas les mêmes ;
conféquemment les proportions de l'enfemble , celles des maffes & des détails demandent des caracteres qui leur foient propres.

Si on juge que nous avons trop multiplié
le nombre des piéces relatives à chaque partie
de diftribution , & qu'on ne veuille pas fe
loger auffi grandement , il eft facile , fans
nous reprocher la profufion , de fe reftreindre
à fon état , à fa fortune ; qui peut le plus ,
peut le moins. D'ailleurs , les idées fe rétré-
ciffent affez ; il faut dans les principes pré-
fenter tout en grand. Il eft bon de connoître
jufqu'à quel point on peut porter le luxe &
l'aifance ; nous ne devons pas fronder le goût
du fiécle.

Nos principes fur l'analogie des proportions de l'Architefture avec nos fenfations
font calqués fur ceux de la plus grande partie
des Philofophes. On n'erre point en fuivant
la nature ; fa marche eft une , Pithagore nous
le dit.

L'harmonie eft le premier mobile des plus
grands effets ; elle a fur nos fenfations le droit

le plus naturel ; les Arts dont elle eſt la baſe portent dans notre ame une émotion plus ou moins délicieuſe.

Le Pere Caſtel , ce ſavant Jéſuite , Auteur du merveilleux Clavecin de couleurs , a bien ſenti toute l'étendue de ces réflexions. Auſſi , par un calcul le mieux conçu & le plus in-génieux , avoit-il conſtruit un inſtrument qui donnoit un concert de couleurs , en même-temps qu'il en formoit un par les ſons. Les couleurs ſe ſuccédoient harmoniquement , & frappoient les yeux avec la même magie & autant d'agrément pour l'homme inſtruit , que les ſons combinés par le plus habile Muſicien peuvent flatter les oreilles. Ce chef-d'œuvre a éprouvé le ſort des meilleurs projets ; il a été jugé ſans être connu. On veut ſavourer comme un fruit dans ſa véritable ſaiſon & d'une qualité décidée , ce qui n'eſt qu'un fruit précoce ; c'eſt étouffer le talent dans ſa naiſ-ſance. Il y a ſans doute des choſes qui ne peuvent être ſaiſies au premier inſtant ; la baſe des ſciences eſt de bien voir ; pour bien voir , il faut examiner & réfléchir. Un Savant , qui dans une Bibliotheque ne ſe feroit long-temps

occupé que de Livres , tout-à-coup tranf-
porté dans une fuperbe Galerie de Tableaux ,
n'aura ni le même plaifir , ni les mêmes fenfations que celui qui fe fera fait une étude de
l'art de peindre. On pourroit même le voir
préférer un médiocre Tableau dont le coloris
feroit gai & brillant à celui de nos Tableaux
les plus précieux , & dont nous faifons le plus
de cas. Regrettons qu'on ait négligé la dé-
couverte du Pere Caftel , qui peut - être en
auroit produit de plus intéreffantes ; ce feroit
au moins un plaifir de plus. Nos regrets font
fondés; une étincelle peut occafionner le plus
grand feu. Mais laiffons cette difgreffion , &
difons qu'il y a entre les couleurs & les fons
une liaifon intime , que les paffions en font
également affeftées , & qu'il en réfulte les
mêmes effets. A l'afpeft d'un beau monument,
les yeux jouiffent d'un plaifir auffi flatteur, que
les oreilles dans l'art fublime des fons. La
Mufique, cet Art divin qui nous enchante ,
a les rapports les plus intimes avec l'Architefture. Ce font les mêmes confonances, les
mêmes proportions. La Ville de Thèbes ,
fuivant la fable , fut bâtie aux fons de la lyre

d'Amphion, fiction qui nous apprend au moins
que les Anciens fentoient combien l'Architecture étoit liée à l'harmonie, qui n'eft autre
chofe que la convenance des différentes parties
pour former un tout relatif.

L'Architecture eft vraiment harmonique.
L'ingénieux M. Ouvrard, Maître de Mufique
de la Sainte-Chapelle & l'un des habiles Mu-
ficiens du fiecle de Louis XIV, le prouve
de la maniere la plus victorieufe dans fon
Traité (1). Pour appuyer fon fyftême, il fait
voir que les mefures du Temple de Salomon
font entr'elles en proportion des nombres har-
moniques ; ces mefures font conformes à celles
que l'Ecriture nous a données & que Villalpande (2) nous a repréfentées dans un fi
beau jour. Il ne s'eft pas arrêté à ce feul Edifice : il a appliqué fes principes à plufieurs Bâtimens antiques & à tous les préceptes de

____

(1) Architecture harmonique, ou application de la doc-
trine des proportions de la Mufique à l'Architecture.

(2) Jean-Baptifte Villalpande, habile Jéfuite, natif de
Cordoue, Auteur d'un favant Commentaire fur Ezéchiel,
en trois tomes *in-fol.* dont on eftime fur-tout la defcription de la Ville & du Temple de Salomon. Il eft mort
en 1608.

Vitruve (1); différens morceaux agréables &
marqués au coin du génie font fortis de fes
mains. Envain s'eft-on récrié contre fes fyftê-
mes. Mal-à-propos M. Perrault (2) a-t-il écrit
qu'il ne devoit point y avoir de proportions
fixes, que le goût feul devoit décider ; qu'il
étoit néceffaire que le génie eût fes écarts,
que les regles ftrictes & trop multipliées le
rétréciffoient , fembloient le circonfcrire &
le rendoient pour ainfi dire ftérile.

Difons qu'il faut néceffairement des points
d'après lefquels on puiffe partir, & des loix
pour fixer notre imagination qui, en général, eft licencieufe. En l'abandonnant à elle-
même, elle ne connoît ni frein ni mefure,
elle produiroit des compofés monftrueux, feroit un groffier mélange de tous les genres,
& ne craindroit pas de les réunir dans une

____

(1) Vitruve , Architecte fameux du temps d'Augufte.

(2) Claude Perrault, dont Boileau a parlé fi fouvent dans
fes Satyres , mort à Paris en 1688 , nous a laiffé une Tra-
duction & un favant Commentaire fur Vitruve. C'eft fur fes
Deffins qu'ont été bâties la Porte Saint-Bernard, l'Obfer-
vatoire & la fameufe Colonnade du Louvre. Ce célebre
Artifte avoit débuté par l'étude de la Médecine ; il étoit
Docteur de la Faculté de Paris.

même décoration. L'Architecture gothique nous en fournit un exemple frappant.

C'est d'après des regles fixes & invariables que se forme le goût & que nous faisons mouvoir d'une maniere déterminée & sublime tout à la fois, les différens ressorts pour affecter agréablement les sens & porter dans l'ame cette émotion délicieuse qui nous ravit, qui nous enchante. C'est aussi d'après ces réflexions & sur de pareils modèles que nous avons pris notre essor.

Les Jardins que nous appellons Anglois, mais dont l'origine est vraiment Chinoise, nous ont fourni des moyens puisés dans la nature même, dont les beautés sont toujours dans une juste proportion & dans un vrai rapport. L'expression n'en est jamais équivoque; personne n'hésite sur le caractere qu'elle présente, elle est à la portée de tout le monde. La sensibilité, dont presque tous les hommes sont partagés, suffit pour faire ressentir l'étendue de ses effets.

Que de scênes agréables & quels tableaux n'offrent pas les Jardins de cette espece, lorsqu'ils sont heureusement conçus, qu'ils

font analogues au genre qu'on s'eſt propoſé
& enfin calqués ſur la belle Nature! Que de
genres, que d'eſpeces! Les objets dont-ils
ſont compoſés, quoiqu'inſenſibles & inanimés, agiſſent ſur les facultés de l'ame, & par-
viennent à élever l'eſprit juſqu'aux plus ſubli-
mes contemplations. Depuis que nous avons
différens traités ſur les Jardins qui font hon-
neur à ceux qui les ont donnés, nous en
avons ſaiſi pluſieurs idées: ſemblables à l'abeille,
nous avons tâché d'en faire un miel agréable;
heureux, ſi nos efforts peuvent tendre au progrès de l'Art ſur lequel nous écrivons.

Tel a été l'objet de notre étude, c'eſt dans
ces ſources que nous avons puiſé; en les con-
ſidérant avec une attention raiſonnée, nous
avons cherché à développer la marche des
ſenſations qu'elles occaſionnoient.

L'enſemble, les maſſes, les proportions,
les ombres, les lumieres ont ſervi de baſes à
nos combinaiſons. Nous avons tâché d'en con-
cevoir les accords, de les analyſer, de déduire
des principes, d'établir des regles.

C'eſt au Public éclairé à décider ſi nous
avons réuſſi dans notre projet, l'expérience

nous l'apprendra. Quoi qu'il en ſoit, il eſt toujours flatteur d'avoir ouvert une nouvelle carriere avec l'avantage d'y entrer.

Enfin, qu'il ſoit permis d'obſerver que c'eſt ici l'ouvrage d'un Artiſte, qui, par ſes occupations, ne peut pas ſe livrer entiérement aux Belles-Lettres. Pourvû qu'il ait de l'ordre, que ſes idées ſoient nettes & ſuivies, que ſon plan ſoit rempli, il eſpere qu'on lui fera grace ſur l'élégance & la pureté du ſtyle, en convenant ſurtout qu'il y a des choſes de l'Art qui ne peuvent être écrites que par ceux qui l'exercent habituellement.

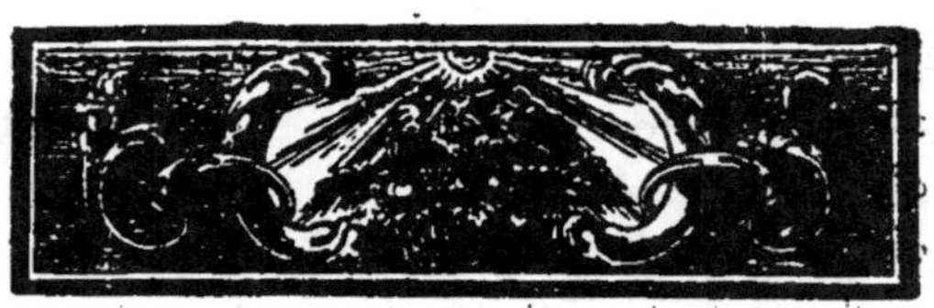

LE GÉNIE

D E

L'ARCHITECTURE.

L'ARCHITECTURE ou l'art de bâtir se divise
en plusieurs branches. Notre objet est de considérer cet art, relativement à la décoration,
dont le vrai beau consiste dans le rapport des
proportions que les différentes parties des
édifices ont entr'elles. C'est de leur harmonie,
c'est de leur accord que naît cet ensemble
qui nous flatte, qui nous séduit : de cette
harmonie & du beau réel ou relatif naissent
aussi les différentes sensations.

Arrêtons-nous par exemple à l'intérieur du
Dôme des Invalides (1) : quelles sensations

____

(1) Cette partie d'édifice a été construite sur les Desseins
de Jules Hardouin Mansard, premier Architecte du Roi,
neveu de François Mansard.

B

n'éprouvons-nous pas ! Nous fommes remplis d'étonnement & d'admiration, notre ame eft élevée. Saifis dans une efpece d'extafe, il femble que nous participions à la grandeur du Dieu qu'on y adore.

Si nous confidérons les dehors du Dôme, fa forme piramidale & la bafe fur laquelle elle s'éleve majeftueufement, nous fommes auffi-tôt pénétrés d'un fentiment de grandeur & de magnificence.

Nous trouvons dans la colonade du Louvre (1) un édifice impofant, riche & noble. L'entrée de la nouvelle monnoie (2) & fon efcalier fe préfentent avec les mêmes avantages.

L'intérieur de l'églife du Val-de-Grace (3),

---

(1) Les Deffins en ont été donnés par Claude Perrault, & l'ont emporté fur ceux des différens Architectes qui y avoient concouru, notamment le Cavalier Bernin qu'on avoit fait venir à Paris à cét effet, & avec des dépenfes vraiment royales. Claude Perrault eft de Paris, & y eft mort le 9 Octobre 1688, à 75 ans.

(2) Edifice élevé fur les Deffins de M. Antoine, Membre de l'Académie d'Architecture, né à Paris, & actuellement vivant. La premiere pierre a été pofée le 30 Avril 1771, & le tour complettement fini en 1775.

(3) Le Val-de-Grace, dont Louis XIV, à l'âge de 7 ans,

celui de la Sorbonne (1) & du College Mazarin ou des quatre Nations (2) nous en-traînent au recueillement. Voyez comme les jours y font ménagés, tout y paroît éclairé en demi teinte, nos fentimens fe trouvent fixés, point de diftractions, l'ame y eft con-centrée en elle-même. Jettons les yeux fur nos Salles de fpectacles, celle de l'Opéra à Paris, préparée pour le bal (3), celle de

pofa la premiere pierre en Avril 1645. François Manfard en donna les Deffins ; enfuite la conduite en fut donnée à Jacques le Mercier qui le continua jufqu'à l'entablement où il refta quelque temps. Enfin, en 1654, la Reine nomma Pierre le Muet, auquel elle affocia Gabriel le Duc pour finir ce bel Edifice.

(1) La Sorbonne, conftruite fur les Deffins de Jacques le Mercier, Architecte du Roi, né à Pontoife. La premiere pierre en fut pofée le 4 Juin 1629.

(2) Le College Mazarin bâti fous les ordres du Cardinal de ce nom, & fur les Deffins de Louis le Veau, premier Architecte du Roi, mort en 1670, âgé de 58 ans, & conduit par les foins de François Dorbay, fon Eleve, mort en 1697.

(3) Par M. Moreau, de l'Académie d'Architecture, Maitre général des Bâtimens de la Ville, & Chevalier de l'Ordre de S. Michel, qui a fait preuve de fes heureux talens. Le Bâtiment en a été commencé en Mai 1764. Le Théâtre a été achevé à la fin de 1769, & l'ouverture s'en eft faite le 16 Janvier 1770, par l'Opéra de Zoroaftre.

Verſailles, ſur-tout (1), font naître des ſen-
timens analogues aux jeux, aux divertiſſe-
mens, aux fêtes qu'elles annoncent. La derniere réunit la décence & la grandeur. C'eſt
un enchantement, tout occupe l'eſprit, rien
ne l'enchaîne.

Le Château de Trianon (2) particuliére-
rement deſtiné à faire jouir de la promenade
& des plaiſirs qui peuvent remplir & diver-
fifier les loiſirs d'un Monarque, annonce la
gaieté; l'enſemble de ſes maſſes, ſes percés,
ſes formes bien cadencées & légeres, l'aſſor-
timent des marbres, le caractere des ornemens, tout concourt au même but.

Le Château de Verſailles du côté des Jardins fait naître un ſentiment ſérieux & peut-
être mélancolique. L'enſemble de ce grand
édifice, ſuperbe à la vérité, mais d'une même
hauteur dans toute ſon étendue, ne forme

____

(1) Elevée pour les Nôces de Louis XVI, alors Dauphin,
le 16 Mai 1770, ſur les Deſſins de M. Gabriel, premier
Architecte du Roi.

(2) Bâti en 1670, ſous le Miniſtere de M. de Louvois,
par Jules Hardouin Manſard, premier Architecte du Roi.
Quant au Bâtiment de la premiere Chapelle, il eſt de
Libéral Bruant.

qu'une ligne droite fur l'horifon , ce qui femble circonfcrire notre ame , la captiver & la
renfermer en elle-même.

Aujourd'hui dans les fauxbourgs de la Capitale , une infinité de nouveaux édifices femble prévenir les jouiffances & la volupté.
Quel eft la caufe de fes fenfations ? C'eft le
choix des proportions , ce font les formes qu'on employe & la fituation à laquelle
on les adapte avec goût , avec intention ;
ce font les ornemens & les rapports réci-
proques qui produifer ce caractere & qui en
effet établiffent les illufions de l'Architecture :
heureux celui dont le talent lui fait faire un
jufte emploi de ces moyens ! C'eft un don
précieux , peu d'Artiftes l'ont reçu , & peu
trouvent l'heureufe occafion d'en faire ufage.
Ne nous arrêtons point aux digreffions dans
lefquelles nous pourrions nous engager. Commençons par confidérer les cinq Ordres qu'on
doit regarder comme les élémens de l'Art
qui fait l'objet de cet Ouvrage.

C'eft dans l'enfemble des édifices connus qui
excitent en nous différentes fenfations, c'eft
dans les détails , dans la defcription du lieu &

des maffes que nous puiferons des principes,
fur lefquels ceux qui ont traité jufqu'ici de
l'Architecture ont paffé trop légérement. Notre
véritable but eft que, d'après nos remarques,
chacun puiffe tirer des conféquences auxquelles il n'auroit jamais penfé. Si les avantages répondent à nos vues, nous ferons am-
plement récompenfés de nos peines.

Les proportions générales de l'Architecture
ont avec celles du corps humain, une analogie frappante & femblent prifes d'après les
principaux caracteres que nous y remar-
quons. Il y a des corps forts & robuftes ;
il en a de délicats & d'élégans. C'eft fous cet
afpect que nous confidérerons les cinq Ordres
d'Architecture, fçavoir : le tofcan, le dorique, l'ionique, le corinthien & le compofite.

Le Tofcan & le Compofite font Italiens,
& les trois autres font Grecs. L'ordre Tofcan
par fes proportions annonce la force, la
folidité, & repréfente un homme nerveux &
robufte. Le Dorique nous offre un homme
d'une taille noble & avantageufe. L'Ionique
tient de l'enfemble d'une belle femme
avec un peu plus d'embonpoint que celui

d'une jeune fille élégante & fvelte , d'après laquelle font données les proportions de l'Ordre Corinthien. Quant au cinquieme Ordre qui eft le Compofite , il eft formé des quatre autres , & de-là même il prend fon nom. Nous voyons donc dans la progreffion de ces ordres la force , l'élégance , les graces , la majefté & la magnificence.

ORDRES D'ARCHITECTURE.

. Par le mot d'Ordre on entend un arrangement régulier & proportionné de maffes , de moulures , d'ornemens , qui , dans une façade ou dans une autre décoration d'Architecture, compofent un bel enfemble. La variété que les Artiftes ont mife dans les arrangemens & dans les proportions des différentes parties, eft l'origine des différens genres ou caracteres qui diftinguent les Ordres de l'Architecture.

Chaque Ordre eft compofé de trois parties effentielles , d'un piédeftal, d'une colonne & d'un entablement.

. Chacune de ces parties eft formée de trois autres .

B 4

Le piédeftal contient une bafe, un dé, une corniche.

La colonne, une bafe, un fuft, un chapiteau.

L'entablement, une architrave, une frife, une corniche.

. Telles font les parties effentielles qui conftituent un Ordre d'Architecture ; chacune de ces parties a des proportions relatives aux ordres auxquels elle eft employée.

C'eft la colonne de chaque Ordre qui en regle toutes les proportions : c'eft d'après fon diametre que fe forme l'échelle ou module qui fert à conftruire & à proportionner tout l'enfemble.

La colonne Tofcane, y compris la bafe & le chapiteau, a fept diametres de hauteur,

Celle de l'Ordre Dorique a huit diametres,

Celle de l'Ordre Ionique neuf,

Celle du Corinthien en a dix.

. Quant à celle de l'Ordre Compofite, elle a auffi dix diametres.

Le piédeftal dans tout Ordre eft le tiers de la hauteur de fa colonne.

L'entablement en eft le quart.

Ce font ces grandes divifions, d'après la hauteur de la colonne, qui conftituent le caractere des Ordres, comme d'après la hauteur d'une tête, le Peintre forme sa figure & en trouve toutes les proportions.

A l'égard des subdivisions de chaque membre, elles varient suivant les ordres & le goût de chaque Artiste; ce que l'on peut dire en général, c'est que chaque moulure doit avoir autant de saillie qu'elle porte de hauteur.

On observera que le piédestal se subdivise sur lui-même pour sa base, son dé & sa corniche; qu'il en est de même à l'égard de sa base, son fust & son chapiteau, & que la même chose se pratique pour l'entablement relativement à son architrave, à sa frise & à sa corniche; c'est ce que nous allons voir en mettant en pratique nos divisions générales.

Pour y parvenir tirons une ligne horisontale AA vers le tiers de la feuille de papier sur laquelle nous voulons dessiner; sur cette ligne élevons une perpendiculaire BB. Cette opération faite, prenons une largeur quelconque, de façon cependant que cette même largeur qui sera le diametre du bas du fust de la colonne, puisse être portée en contrehaut, sept fois pour la hauteur de la colonne Toscane,

huit fois pour la Dorique, neuf fois pour l'Ionique & dix fois pour les Ordres Corinthien &
Compofite. On doit encore avoir attention
qu'il faut un quart de cette hauteur de colonne
pour l'entablement. A l'égard du tiers pour
le piédeftal, on en trouvera la place ayant
pofé la ligne horifontale vers le tiers du papier. C'eft d'après cette ligne & en contrebas
que doit fe placer le tiers de la colonne pour
la hauteur du piédeftal. Telles font les grandes
divifions, fubdivifions, des parties principales.

Piédeftal.

La hauteur du piédeftal qui eft le tiers de
la colonne, fe fubdivife en fept parties; la
bafe en a deux, le dé quatre, la corniche une.

Colonne.

Le demi diametre pris au bas du fuft de
la colonne, fait la hauteur de la bafe, en
obfervant que le filet fait partie du bas du
fuft, ainfi que l'aftragale fait partie du haut.

Le chapiteau de l'Ordre Tofcan, celui de
l'Ordre Dorique ainfi que celui de l'Ionique,
f'établiffent de même hauteur, & ont un demi

diametre ; quant au chapiteau des Ordres Corinthien & Compofite, il a le diametre entier.

Entablement.

La hauteur deftinée à l'entablement fe fub-divife en quatre parties, dont une pour l'ar-chitrave, les trois autres divifées en deux donneront moitié pour la frife & moitié pour la corniche.

Par cette opération fort fimple on a toutes les hauteurs. Il s'agit de former les maffes & faillies, fans oublier que les moulures en général ont de faillie ce qu'elles portent de hauteur.

Le diametre de la colonne étant décidé, comme nous l'avons dit, prenons-en la moitié que nous appellerons module & que nous placerons à droite & à gauche de notre per-pendiculaire DD, au-deffus de la bafe ; alors, ce fera le bas du fuft de la colonne E. Voulez-vous la largeur du haut du fuft F, fupprimez un fixieme du module, portez le furplus à droite & à gauche de votre axe B, vous aurez

le point que vous cherchez : la colonne devant
être plus foible en cette partie qu'en celle du
bas. Cette opération faite, divifez en trois
la hauteur de votre fuft ; élevez parallellement
à votre axe, & cela, à droite & à gauche
des lignes qui formeront le bas du fuft, jufqu'au tiers : de ce tiers G, tirez une ligne aux
points F F, haut du fuft de la colonne, &
vous aurez tout votre fuft tracé.

Pour former la maffe de la faillie de la bafe,
prenez un module & un cinquieme, placez-le
fur votre ligne horifontale, du bas de la bafe,
tel que K, tirez de ce point à celui du bas
du fuft une diagonale, vous aurez la maffe
de votre bafe.

Il en fera de même pour le chapiteau en
obfervant de ne mettre pour faillie qu'un module & un fixieme : de ce point & de celui
du haut du fuft, tirez une diagonale L, vous
aurez la maffe du chapiteau.

Voulez-vous la maffe des entablemens ?
Obfervez que le bas de l'architrave A, ainfi
que la hauteur totale de la frife B, font à plomb
du haut du fuft de la colonne : alors, en
mettant un cinquieme de module en faillie

pour le haut de l'architrave , & des deux points , 1 & 2 , tirant une diagonale , on a la maſſe de l'architrave.

A l'égard de la friſe , nous avons dit qu'elle étoit dans toute ſa hauteur à plomb du haut du fuſt ; en conſéquence, tirant de ce point une parallele à l'axe , on aura toute la friſe formée.

Quant à la corniche , il faut lui donner autant de ſaillie qu'elle a de hauteur , ce qui ſe trouve aiſément en prolongeant la ligne de la friſe : de ce point mettant la hauteur en ſaillie , & de celui du haut de la friſe tirant une diagonale , on aura la corniche formée en maſſe.

Pour le piédeſtal qui eſt , comme il a déjà été dit , le tiers de ſa colonne , on en diviſe la hauteur en ſept parties. La baſe en a deux ; le dé en a quatre & la corniche une.

Le dé eſt à l'aplomb de la plus grande ſaillie de la baſe de la colonne , en conſéquence ce ſont deux lignes à tirer de ces points , & on aura la maſſe du dé. La naiſſance des ſaillies de la baſe & de la corniche prend de celle du dé , & ajoutant un quart de module à la ligne de bafe, d'après le nud du dé, & tirant une diagonale des points 5 & 6, on aura la maffe de la bafe.

Il en fera de même, fi on donne à la corniche un tiers de module de faillie, & qu'on tire une diagonale du point 7 au point 8, naiffance du dé.

Telles font les maffes, tel eft l'enfemble de tout Ordre.

Il femble que nous pourrions entrer ici dans la fubdivifion de chacune de ces maffes; mais nos opérations élémentaires une fois connues fuffifent pour faire fentir l'enfemble, le rapport & l'harmonie des Ordres d'Architecture, qui doivent fervir de principes & de bafe pour les proportions de tout édifice auquel on voudra donner une décoration non hafardée, & qui plaira réellement. On peut même affurer qu'on n'approchera du beau réel, qu'autant qu'on aura obfervé ces dimenfions générales.

Pour bien connoître les fubdivifions des différens membres, on peut avoir recours aux Auteurs qui en ont traité, & qui ont fait des cours particuliers & complets.

Le Traité que M. *Potain* nous a donné depuis quelques années pourra servir de modele, il est réfléchi, fait avec goût ; on y reconnoît le véritable Artiste.

ORDRE TOSCAN.

On peut étudier, avec avantage, dans l'Ouvrage que je viens de citer, l'Ordre Toscan : la base de la colonne en est simple, belle ; le chapiteau y répond : tout l'entablement en est mâle, & quoique dénué d'ornement, son ensemble plaît, satisfait la vue ; c'est un beau simple désignant la force & la solidité, qui sont le caractere de cet Ordre.

ORDRE DORIQUE.

On verra avec plaisir l'entablement de l'Ordre Dorique. Sa frise est décorée de triglifes & de métopes. Ces derniers, parfaitement quarrés & dans lesquels on pratique des ornemens, répandent de l'élégance & forment un ensemble riche & mâle. La corniche avec mutules, à l'aplomb des triglifes & couronnée d'un talon, donne beaucoup d'avantage à cet Ordre, ainsi que le filet & les gouttes qui

font dans l'architrave à l'aplomb des triglifes.
Quelquefois dans la corniche au lieu de mutules, on met des denticules ; mais foit mutules ou denticules , il faut toujours que les
uns ou les autres fe trouvent à l'aplomb du
milieu de la colonne.

O R D R E I O N I Q U E.

On confidérera avec fatisfaction le chapiteau
de l'Ordre Ionique. Le développement &
l'enroulement de fes volutes ont de la grace ;
il caractérife l'Ordre dont nous parlons ; la bafe
attique lui eft affectée , c'eft la plus belle que
nous ayons , fouvent même on l'emprunte
pour l'Ordre Corinthien & pour le Compofite. Cette bafe dans l'accord de fes parties
peut s'affimiler à celui de la tierce & de la
quinte de la Mufique , ainfi que l'obferve
très-favamment M. Ouvrard. En effet le premier tore , la fcotie , & le fecond tore femblent produire à l'œil ce que les tons de *fol*,
fi, *re*, font à l'oreille. C'eft le même calcul.
Les filets font comme les paffages & ports de
voix. On place des modillons dans la corniche
de l'entablement de cet Ordre, on y met des
denticules ,

denticules , & quelquefois même l'un & l'autre. On taille souvent différens ornemens dans les moulures ; cet Ordre admet de la richesse dans la frise : on y place des rinceaux d'ornemens ; quelques Architectes même en font la frise bombée , ce qui n'est pas toujours exempt de critique. Quand les moulures de la corniche de l'entablement sont enrichies d'ornemens , celles de l'architrave le sont aussi. Mais on observera que jamais on ne pratique d'ornemens sur les filets , ils doivent toujours être lisses ; & avoir les arrêtes bien vives ; de sorte qu'on peut regarder comme regle générale , qu'il faut que les ornemens & les corps lisses soient alternatifs : c'est-à-dire , quand on emploie les ornemens , il doit y avoir une moulure lisse & une taillée , ce qui donne du repos à la vue & s'oppose à la confusion.

L'Architecture est comme une belle femme, elle doit plaire par elle-même , il lui faut peu d'ornemens.

On observera cependant que , si l'on emploie des ornemens dans la corniche de l'entablement , il faut en tailler quelques-uns dans differens membres de l'architrave , mais avec

C

modération, & feulement pour qu'il n'y ait pas trop de contrafte entre la corniche & l'architrave. Un beau vêtement a toujours fa parure affortie.

ORDRE CORINTHIEN.

Quelle beauté ! quelle élégance n'offre pas le chapiteau de la colonne Corinthienne ? Les premieres feuilles d'achante s'y développent avec majefté, les fecondes avec harmonie, relativement au premier rang. Les caulicoles foutiennent avantageufement le tailloir. Que leur naiffance eft heureufe ! Que ce chapiteau eft bien couronné ! C'eft à jufte titre qu'il a fait l'admiration de tous les fiecles. Le fuft fur lequel il eft porté lui eft analogue, il annonce par fa hauteur la magnificence du chapiteau qui le couronne ; la bafe eft riche, elle tient de l'attique, mais elle a moins de nobleffe ; auffi de préférence on emploie fouvent la derniere.

L'entablement comporte des modillons & des denticules : on obferve de diftribuer les modillons, de façon que les caiffons qui en rempliffent les efpaces foient parfaitement

quarrés , & qu'il y ait toujours un modillon
& une denticule à l'aplomb de chaque colonne;
le milieu du caisson se décore par une rosace
qui tient de la nature de la feuille du chapiteau : tantôt ce sont des feuilles d'achante , tantôt des feuilles de persil, tantôt aussi des feuilles
dessinées en forme de palmes. Le dessous des
modillons est aussi orné d'une de ces feuilles ;
mais dans tous les cas , c'est celle dont on se
sert dans le chapiteau qui décide de la nature
de celle qu'on emploie dans le reste. Le so-
phite de cette corniche d'entablement fait un
bel effet : l'harmonie y regne ; les moulures
de cette corniche peuvent être taillées d'ornemens, ainsi que la frise & l'architrave , comme
nous l'avons dit pour l'Ordre Ionique , en observant les mêmes principes , & faisant attention que les ornemens de la frise doivent être
en bas reliefs , & ne pas excéder, dans leur
plus grande saillie , la premiere moulure de
la corniche.

ORDRE COMPOSITE.

L'Ordre Composite est formé, comme il a dé-
ja été dit, de l'Ordre Ionique & du Corinthien.

Le chapiteau de la colonne tient de ces deux Ordres ; il a les volutes de l'Ordre Ionique & les feuilles du Corinthien. L'enfemble en eft riche, mais bien inférieur à celui des deux autres, relativement à cette nobleffe naturelle fur laquelle la fimple vue décide. C'eft une étoffe qu'on a cherché à embellir, & qui, par trop de foins, fe trouve furchargée. La bafe laiffe appercevoir le travail & l'art, & conféquemment elle eft inférieure en beauté à celle des deux Ordres précédens.

Dans la corniche de l'entablement il y a des modillons doubles & des denticules entre les modillons ; dans le fophite du larmier on pratique des caiffons, c'eft une imitation du Corinthien, ou plutôt une copie dans laquelle on s'eft permis des changemens. Trop de richeffe nuit à l'harmonie ; un excès de parure fied rarement ; l'Art ne doit pas fe montrer à découvert. Malgré les efforts qu'on a faits jufqu'ici, l'Ordre Ionique & le Corinthien font des modeles de beauté, ils ont des caracteres fixes & décidés, ce font des originaux non-fufpectés. Celui-ci a une nature mixte & difficile à définir. Si les fenfations qu'il excite

ne font pas équivoques , elles font moins dé-
licates. Ce ne peut être que l'enfemble & la
diftribution d'un plan complet qui les faffe valoir : quoi qu'il en foit , cet Ordre annonce la
plus grande richeffe , mais moins entendue
que dans l'Ordre Corinthien. Il eft des cas
où la fomptuofité triomphe , c'eft à la prudence de l'Artifte à bien fentir le caractere
de décore dont il peut avoir befoin. L'objet , la deftination , le lieu même doivent le
décider.

D'après ce que nous venons de dire , fom-
mes-nous au dernier terme de l'Architecture ?
Emules des Grecs & des Romains , pourquoi
en qualité de Français n'envierions-nous pas
un Ordre qui caractérisât la Nation ? Qu'il
nous foit permis de hazarder quelques idées
fur cet objet.

IDÉE D'UN ORDRE FRANÇAIS.

On a cherché depuis long-temps à inven-
ter un Ordre Français. Plufieurs Architectes
ont montré du goût dans les foins qu'ils fe
font donnés pour y parvenir ; mais leurs efforts n'ont produit jufqu'ici qu'un compofé

des Ordres connus. C'est dans les ornemens
& dans les formes qu'il faut chercher cette
nouveauté plutôt que dans les proportions
générales. En effet, donner, par exemple, plus
de dix diametres de hauteur à la colonne,
c'est lui prêter une légéreté qui détruit l'harmonie, c'est la faire ressembler au roseau inca-
pable de supporter aucun poids ; c'est blesser
par conséquent un des principes les plus essen-
tiels, l'idée de solidité que doit avoir toute
construction.

De but de l'Art est de mettre la vie des
hommes en sûreté dans leurs habitations, avant
de les leur rendre agréables.

Ne pourroit-on pas cependant employer
dans cet Ordre des proportions mixtes ou
participant des deux différens Ordres, comme
on emploie les demi-tons ? C'est une ques-
tion à résoudre, & sans doute assez délicate,
parce que la grande harmonie de la progression des Ordres par parties aliquotes étant
interrompue, le résultat devient douteux &
l'effet incertain. Il paroît qu'on ne peut varier que dans les ornemens & les hauteurs.
Mais pourquoi ne pas étendre ses desirs, &
donner essor à l'imagination, en sortant des

bornes ordinaires ? Attendons à ce sujet de ces entreprises heureuses & hardies. Quelques chapiteaux déjà proposés semblent les annoncer ; rien de plus ingénieux que celui que Perrault a destiné à l'Ordre Français ; les masses sont à peu près les mêmes que celles de l'Ordre Corinthien. Mais les attributs en changent le caractere.

L'astragale du haut du fust étoit taillé en perle, & faisoit la base d'une couronne en fleurs de lys dans son pourtour ; au lieu de feuilles on avoit employé des plumes de coq, oiseau symbole du Français. Les cordons des différens Ordres pendoient, en forme de guirlandes, des caulicoles ou volutes, & au lieu d'un fleuron dans le milieu du chapiteau, c'étoit un Soleil qui rappelle la devise, *nec pluribus impar.*

L'idée est ingénieuse, mais l'ensemble n'est enfin qu'un chapiteau composite, rien de nouveau dans les proportions, conséquemment point de sensations qui caractérisent un nouvel Ordre.

Il est des bornes que l'esprit ne franchit plus, en suivant les routes déjà frayées. Cer-

tains écarts peuvent occafionner de nouvelles
découvertes ; il s'échape quelquefois à travers les nuages des rayons de lumiere ; un
génie fubtil peut les faifir , & la noble émulation en perfeétionner les avantages.

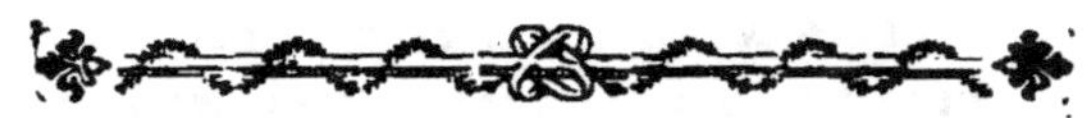

DE L'ART DE PLAIRE

EN ARCHITECTURE.

DE juftes rapports dans toutes les parties forment l'harmonie, & de l'harmonie dépend l'unique & le vrai moyen de plaire dans l'Architecture. Nous avons déjà rapproché cet Art de celui de la Peinture, & la Peinture elle-même n'a établi ce grand principe que d'après la nature qu'elle étudie fans ceffe. Tout ce qui plaît dans la nature nous charme par l'harmonie qui y regne, nous féduit par le jufte rapport des parties de chaque objet, & le chef-d'œuvre eft d'agir par les mêmes moyens qu'elle.

C'eft donc (dans l'Art dont il eft queftion ici) l'analogie & le rapport des proportions, l'heureux accord des plans, des maffes, des élévations, celui de chaque partie avec fon tout, les caracteres de grandeur, de magnificence, de nobleffe, de grace, de fimplicité, &c. qui doivent obtenir l'approbation générale, & caufer ce plaifir, cette jouiffance in-

tellectuelle, le but le plus satisfaisant des Beaux
Arts.

Une premiere proportion prise dans la
destination d'un édifice ou d'un appartement,
établit toutes les autres.

Le lieu sur lequel le bâtiment est élevé,
décide d'une grande partie de ses proportions:

La grandeur & la masse d'un édifice doivent se régler sur l'étendue du lieu. Un petit
bâtiment sur un grand espace feroit un effet
désagréble, dans le cas sur-tout où il serviroit
de réunion. Une grande partie à côté d'une
trop petite ne peut se soutenir, de même
qu'une petite à côté d'une trop grande. Gar-
dez-vous, par exemple, de donner une grande
élévation & de fortes masses à la maison, lorsque vous n'avez pas une cour proportionnée.
Des édifices trop simples, trop peu élevés, &
sur une même ligne, sont désagréables & monotones. Si quelque prétention se joint à ces
premiers défauts d'ensemble, le bâtiment en
paroît plus ridicule : nous le voyons dans l'ordre de la nature. Il faut dans une femme qui
cherche à plaire, que la proportion des par-

ties du corps autorise & soutienne sa parure.

Pour que l'œil soit satisfait, un équilibre de dimension devient aussi indispensable, qu'une juste pondération pour qu'un corps vivant se soutienne.

S'il existe une beauté attachée à chacune des parties dont je viens de parler, il y en a alors jusquesdans les détails même. Le trait, le contour les profils, les accessoires, les ornemens, tout a sa perfection & son caractere particulier.Ces beautés méditées & employées à propos, produisent une sensation analogue à l'objet, & par conséquent celle qu'on doit se proposer d'exciter. Les jours, les ombres distribués avec art dans une composition d'Architecture, concourent à l'effet & à l'impression qu'on veut produire, ils déterminent la réussite.

Un édifice très-éclairé, bien aéré, lorsque tout le reste est parfaitement traité, devient agréable & riant. Moins ouvert, plus abrité, il c e un caractere sérieux : la lumiere encore plus interceptée, il est mystérieux ou triste. De même dans les détails des distributions, une suite de divisions relatives les unes aux autres , affure le caractere général. De grandes pieces ne doivent pas être précédées par de petites.

Il en eſt de même des jardins : fans vouloir gêner leur étendue, diſons que les allées principales , les parterres, l'eſplanade enfin doivent être en raiſon de l'édifice qui y commande. Sans parler des longueurs , il s'agit principalement des largeurs. S'il étoit cependant queſtion d'un point de vue pour une allée principale , il lui faudroit plus d'ouverture , & la meubler en conféquence avec tous les agrémens poſſibles. C'eſt un accord général qui flatte & qui fait en même temps la baſe eſſentielle de l'édifice. Il faut que tout concourre au même but , comme dans une décoration de Théatre , où tout eſt relatif.

Les pieces principales d'un appartement doivent être en conféquence des dehors , nous l'avons dit ; mais il eſt néceſſaire d'ajouter qu'il leur faut un rapport entr'elles dans la ſuperficie , dans la hauteur des planchers , enfin dans la décoration : la marche de cette derniere partie eſt preſcrite , mais elle eſt fine & délicate , elle exige beaucoup de goût &

de prudence. On doit paſſer de la ſimplicité à
la richeſſe. Le veſtibule alors eſt moins orné
que les antichambres , les antichambres moins
que les ſallons & les cabinets , &c.... Chaque
piece doit avoir ſon caractere particulier. L'a-
nalogie , le rapport des proportions decident
nos ſenſations ; une piece fait déſirer l'autre ,
cette agitation occupe & tient en ſuſpens les
eſprits , c'eſt un genre de jouiſſance qui ſatisfait.

Trop de richeſſe appeſantit ; ſi la vanité en
eſt flattée , on s'en laſſe aiſément. L'or fatigue même par ſon éclat. La ſculpture multipliée tombe dans la confuſion. Les glaces en
trop grand nombre & mal placées rendent
un lieu triſte , appellent la mélancolie. Nar-
ciſſe s'eſt épuiſé à force de ſe contempler
dans le cryſtal des eaux.

Il ne faut rien moins qu'un goût fin & délicat pour employer les richeſſes avec ménagement, avec cet art enchanteur dont l'Artiſte
habile fait cacher toutes ſes reſſources. On lui
impute les torts , s'il ne remplit pas ſon objet.
En effet lui ſeul choiſit , place , combine ;
mélange ; lui ſeul preſcrit les formes , aſſigne

les convenances , fixe les degrés d'expreſſion ,
& détermine le caractere.

C'eſt la maniere de placer chaque choſe qui
en fait le mérite , & qui donne la grace & la
valeur. Le goût ſeul tire des objets les plus
ſimples les effets les plus ſéduiſans , comme
un habile Sculpteur fait ſortir un chef-d'œuvre
de la matiere la plus commune. Les petits
talens s'attachent à la richeſſe des matieres , &
croient que l'éclat ajoute un mérite à leur
production ; ils ſe trompent : c'eſt la nobleſſe
de l'enſemble , c'eſt la beauté des détails qui
frappent , qui captivent & enchantent nos
ſens. Les beautés pour nous plaire n'ont beſoin que d'elles-mêmes ; l'intérêt & le plaiſir
qu'elles font naître réſident dans elles ſeules.
La plus grande ſatisfaction conſiſte à trouver
chaque choſe dans la place qui lui eſt propre.
Les ornemens doivent donc être ménagés
& placés avec goût; on ne peut trop combiner leur genre , leur caractere , & la néceſſité
de les employer.

Il en eſt de même des tableaux , ils ne conviennent pas par-tout : un ſuperbe Michel
Ange, un magnifique Raphaël perdroient de

leur beauté, s'ils n'étoient placés à propos &
à leur jour. Nous dirons plus, la grandeur du
tableau, fon genre, le fujet même doivent
être relatifs à la piece où il fe trouve, & il
convient enfin qu'on puiffe croire qu'il a été
fait pour le lieu.

Il n'en eft pas d'un appartement comme
d'un cabinet ou d'une galerie de tableaux ;
chaque endroit comporte fon objet ; à fon
afpect on doit juger de fon ufage ; l'expreffion,
l'empreinte du caractere en décide : c'eft à la
délicateffe à tenir la balance, au goût à pefer,
& au bon fens à décider.

Telles font les loix générales, tant pour
les dedans que pour les dehors : pour la beauté
& l'enfemble des appartemens complets, il
faut céder aux grandes enfilades & aux fu-
perbes percées ; on y ajoute beaucoup par le
moyen des glaces qui multiplient les objets
& fuppléent aux points de vue.

La fymmétrie ou plutôt les répétitions & les
vis-à-vis font effentiels ; fi d'un côté il fe trouve
une glace, il en faut une de l'autre qui ait les
mêmes dimenfions & les mêmes encadremens.
On fuivra le même principe pour les tableaux ;

on n'en peut pas placer d'un côté qu'il n'y en ait de l'autre, en faisant attention qu'ils ayent les mêmes grandeurs, & qu'ils soient renfermés dans des bordures semblables.

Ayez le plus grand soin que les milieux soient occupés par des objets principaux & du même genre. On ne trouvera pas extraordinaire qu'une table de marbre au-dessous d'une glace figure avec une cheminée; mais dans ce cas, il faut le même genre de dessin, le même caractere, & les marbres semblables; rien n'est plus choquant que les contrastes; ils sont aussi désagréables à la vue qu'un vice de proportion; c'est un défaut d'harmonie.

Ne pourroit-on pas, en pareille occasion, pratiquer ce que nous avons vu réussir? Au lieu de console au chambranle de cheminée, nous avons placé des gaines isolées qui portent la traverse, & se répetent avec grace dans une glace encadrée par le marbre qui forme pilastre, ce qui donne un jeu étonnant à tout l'ensemble. La table de marbre vis-à-vis est portée de pareilles gaines, & derriere est une glace qui tombe jusqu'à terre. On ne voit alors qu'une espece d'autel isolé, orné de candélabres,

délabres, on le croiroit confacré à la Déeffe des jardins par les fleurs & la richeffe des vafes qui les contiennent.

Ecartons pour un moment ces moyens ingénieux qui peuvent produire les grands effets ; réfervons-en la defcription , lorfqu'il fera queftion d'émouvoir l'ame , d'exciter les fenfations; cherchons ceux de plaire dans les édifices, & d'en établir les loix les plus générales.

Les corniches donnent l'enfemble dans les lieux où elles font employées ; elles décident la réuffite; celles qui font intérieures fur-tout, font l'ornement effentiel des pieces où elles font placées , elles en forment le caractere ; c'eft leur proportion , c'eft la combinaifon de leur moulure , leur beau profil , leur agréable contour & leur accord qui nous captivent & nous féduifent par l'harmonie. C'eft auffi le rapport de la hauteur & de la faillie avec la grandeur & l'étendue de l'endroit où elles font placées ; c'eft à leur plus ou moins de prononcé , relativement à la diftance d'où elles font vües , que l'on doit la réuffite de tout un appartement : rien ne peut remplacer

D

le manque d'harmonie d'une corniche avec
la piece où elle se trouve placée. Qu'on ne s'y
trompe pas ; souvent dans le lieu le plus artistement rangé pour les meubles , pour les glaces , pour les percés , il semble qu'il manque
quelque chose ; on désire : qu'on jette les yeux
sur la corniche , on en trouvera la raison ; c'est
qu'elle n'est pas en rapport avec l'étendue de
la piece , ou elle est trop grande , ou elle est
trop petite , elle n'a pas assez de saillie , elle
est trop ou trop peu chargée d'ornemens , ces
mêmes ornemens ne lui sont pas analogues ,
ne sont pas relatifs au genre & au caractere
de l'endroit : il ne faut qu'un rien pour rompre
l'accord & suspendre l'émotion. Qu'on y fasse
donc l'attention la plus sérieuse , c'est la partie
que l'on doit le moins négliger , elle fait l'encadrement du tout, elle doit avoir un genre ,
un caractere propre , & être marquée au coin
du bon goût. Quel est donc cet ensemble de
masse ? quelle est la proportion la plus convenable ? Voici le principe d'après lequel on
peut partir.

La corniche est le douzieme de la hauteur
de la piece où elle se trouve, en observant

d'ailleurs de lui donner , suivant la circonftance , un cinquieme ou un quart de faillie
de plus que cette même corniche n'a de hauteur. Cette remarque eft pour les dedans feulement , car pour les dehors la faillie doit être
toujours égale à la hauteur. Cette faillie plus
grande que la hauteur donne au-dedans plus
de légéreté ; les membres en font plus allongés , les doucines plus agréables , le tout eft
plus d'accord. Si on y met de la dorure , elle
fe développe davantage, l'enfemble en eft plus
précieux & paroît plus riche ; la raifon en eft
physique , la plupart des corniches intérieures
ne fe voient prefque jamais à l'angle de quarante-cinq degrés , c'eft-à-dire , à une diftance
égale à celle de la hauteur ; de-là on doit fuivre la regle que nous donnons pour fatisfaire
l'œil , & par ce moyen obvier au défaut de
diftance de quarante-cinq degrés , qui eft le
point le plus convenable pour voir ce qui eft
en faillie. Il eft encore une autre caufe ; elle
nous vient des ombres que doit recevoir tout
morceau d'Architecture pour fe deffiner agréablement. Cette regle qu'on obferve dans la
Peinture eft celle que la perfpective nous

D 2

preſcrit. Ainſi en ont uſé nos célebres Artiſtes dans l'intérieur des lieux qui frappent au premier coup-d'œil.

Un Appartement ne peut plaire ſi l'on s'écarte de cette loi générale : c'eſt en vain que l'on compteroit ſur les ornemens pour rendre chaque membre plus ou moins léger, ils deviendroient inutiles, & ne pourroient que produire un ridicule. Les ornemens ne doivent pas être prodigués, ils ſont comme le ſel pour les ragoûts, c'eſt à la prudence ſeule à en diſpoſer.

Le goût du *vrai beau* n'eſt qu'un ; il tient à la nature toujours égale dans ſa marche : nous ne mettrons pas au nombre des ornemens ces maſſes vagues, baroques, qu'on ne peut définir, & que nous nommons *chicorée* : écartons ces extravagances gothiques, quoiqu'il n'y ait pas encore une dixaine d'années qu'on s'en ſervoit, & que malheureuſement elles aient été en uſage parmi nous pendant plus de trente-cinq ans. On ne conçoit pas comment on a pu ſe laiſſer ſéduire par un genre qui ne doit ſon exiſtence qu'à une imagination déréglee (1). Peut-être nous y ſommes-nous

____

(1) C'eſt le ſieur *Pineau*, Sculpteur, qui a introduit ce

laiſſés entraîner par l'eſprit de nouveauté ,
peut-être auſſi par la facilité de faire du ba-
roque. Toute forme étoit permiſe ; pourvu
qu'elle papillotât , on étoit content : point
d'harmonie , point d'accord , point de ſimé-
trie. Que les moulures grimaſſaſſent ſous un
forme extraordinaire , qu'elles fuſſent rache-
tées par un miſérable cartel renverſé & fortement rocaillé , tout étoit bien ; c'étoit un
chef-d'œuvre. Une plante Chinoiſe, nom qu'on
donnoit à un ornement qu'on ne pouvoit définir , & dont le haſard ſeul de la coupe du
bois faiſoit naître l'idée , rallioit des moulures
& faiſoit des milieux : enfin plus un ornement
paroiſſoit s'écarter de la forme naturelle , plus
il ſembloit précieux : tels ont été dans la peinture les égaremens où ſont tombés les *Vatteau*,
les *Callot* , & dans la Littérature ce genre
burleſque qui mit en vogue *Scarron* & ceux
qui l'imiterent. Ce ſont de ces maladies éphé-
meres & de ces dépravations de goût ſur leſ-

genre ſingulier & purement de caprice. Cet Artiſte avoit
cependant beaucoup de talent une grande facilité pour
deſſiner , & étoit fort occupé. Il eſt triſte pour les Arts
qu'il ait pris une maniere auſſi frivole & peu raiſonnée.

D 2

quelles on ne peut être trop en garde. Pour donner du nouveau, il ne faut pas s'écarter de la belle nature. Auſſi , que d'étude , quelles peines , quels ſoins ne faut - il pas pour parvenir à former un bel ouvrage en tout genre ! L'hiſtoire nous rapporte que , pour faire l'Hélene d'Athenes , on a choiſi dans la Grece juſqu'à trois cens des plus belles filles. Que ne font pas nos Artiſtes , lorſqu'en Peinture ou en Sculpture ils font pouſſés de la noble émulation de mériter l'eſtime publique ? Combien de modeles différens leur faut-il , ſoit pour la tête , ſoit pour le corps qui ſouvent ſe ſubdiviſe en autant de parties qu'il y a d'aſpects ! C'eſt la jambe , c'eſt le pied, ſouvent le ſeul développement des doigts fait déſirer un nouveau modèle.

Les habiles gens ne doivent ſaiſir la nature que dans ſon *beau*. Les attitudes outrées ſont évitées par les ſavans Artiſtes ; ils font ſoigneux à fuir la nature contrefaite. Le *beau* n'eſt qu'un : il s'agit de tendre à ce point : on ne le trouvera que dans la pureté des proportions & dans leur harmonie ; le Génie ſeul peut y conduire. C'eſt un

rayon de la Divinité , dont la moindre lueur
porte l'empreinte d'une source enflammée.
Efforçons-nous, par des recherches multipliées & par nos réflexions, de nous former
le goût ; souvent il développe & rectifie le
Génie , souvent même il le décide & le détermine.

Telles font les regles générales de *l'art
de plaire* en Architecture : paffons aux particulieres.

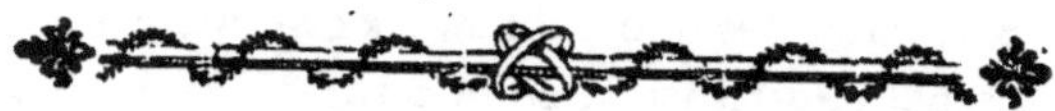

DÉCORATION
E X T É R I E U R E.

L A véritable harmonie en Architecture dépend de l'accord des maſſes & de celui des différentes parties, le ſtyle & le ton doit ſe rapporter au caractere de l'enſemble, & l'enſemble doit être pris dans la nature, dans l'eſpece & la deſtination de l'Edifice qu'on veut élever.

Cette partie de l'Architecture que nous nommons la convenance, eſt déterminée, & s'acquiert moins par l'étude des regles que par la parfaite connoiſſance des mœurs, des uſages du ſiecle, & du pays où l'on vit. Quoi qu'il en ſoit, haſardons-en les loix générales, le goût les développera, l'expérience les confirmera. Au ſurplus, ce ſera un ſujet de réflexions qui nous fera tendre à la perfection par une route plus facile.

Commençons par les maſſes de l'édifice. C'eſt de leur proportion, c'eſt de leur rap-

port entr'elles que naiffent cet enfemble jufte ,
ce bel affortiment , enfin cette douce harmo‑
nie , fans lefquels on ne peut rien faire de fa‑
tisfaifant.

Pour y parvenir , il faut éviter dans les
maffes les trop petites parties ; elles jettent la
confufion , l'accord eft détruit , il n'y a plus de
proportion , elle eft vague & douteufe , elle
ne produit pas ce qu'on en pourroit at‑
tendre. On doit regarder comme un principe
certain qu'il ne fauroit y avoir de proportion
entre des grandeurs incommenfurables , & que
les belles proportions en général font celles
qui fe trouvent fondées fur des rapports juftes ,
immédiats & très ‑ fenfibles. Ne vous per‑
mettez aucune négligence : la négligence des
principes de l'union eft une fource réelle de
confufion ; les yeux en font choqués , ainfi
que les oreilles peuvent l'être par un faux ton
de mufique. Le véritable Artifte ne peut y
apporter trop d'attention ; s'il eft exact obfer‑
vateur , il verra dans chaque forme des diffé‑
rences qui la diftinguent de toute autre ; il
s'appercevra que , s'il veut un édifice qui
puiffe produire une fcêne douce & tranquille ,

il doit unir les maſſes qui ne different pas trop entr'elles ; il reconnoîtra qu'il ne leur faut pas trop de jeu & de ſaillie, que dans le tout il doit régner un ton de tranquillité, de majeſté ; des contraſtes de lumieres & d'ombres bien ménagés ; l'excès des uns & des autres y nuiroit. Le caractere de la douceur ne ſe fait jamais mieux ſentir que lorſque les ombres deviennent plus foibles en s'allongeant.

Dans un genre de bâtiment où il faudroit plus d'âpreté, la ſucceſſion ſera moins réguliere, & les tranſitions plus fréquentes.

Veut-on diſtinguer un édifice par ſa ſimplicité ? on évitera la quantité de diviſions. S'agit-il d'en élever un autre ſans aucune prétention à l'élégance ? on ne le rendra pas moins remarquable par une apparence de richeſſe & un air de profuſion que lui donnera la multiplicité des maſſes & des diviſions. Un édifice qui doit porter le caractere de la vivacité, de la gaieté, s'embellit par les mêmes moyens ; quelques bandeaux, quelques corniches en font le ſupplément & les nuances différentes.

Des effets trop durs produits par des corps trop faillans, des impreffions trop vives cau-fés par le contrafte de la lumiere & des ombres, enfin tout ce qui femble partir d'un effort peu mefuré trouble la jouiffance d'une fcêne deftinée à l'amufement & au plaifir.

Le caractere majeftueux, lorfqu'il eft le plus tranquille, n'eft jamais languiffant. Dans un édifice de cette efpece, il regne un jufte milieu : l'harmonie doit fe trouver dans toutes les parties ; de magnifiques objets, grands par les dimenfions & par le ftyle, fuffifent pour remplir l'ame & la fatisfaire ; ce n'eft que lorf-qu'ils ne fe trouvent pas en affez grand nombre, qu'on peut avoir recours aux ornemens propres & relatifs à la belle Architecture ; ce font des richeffes qu'on peut employer ; mais il faut y apporter beaucoup d'art, un grand ménagement & une prudence entiere.

Le genre terrible eft l'effet de la grandeur combinée avec la force. On peut comparer la terreur qu'infpire une fcêne de la nature à celle qui naît d'une fcêne dramatique ; l'ame eft fortement ébranlée, mais fes fenfations ne

font agréables que lorfqu'elles tiennent à
la terreur fans avoir rien de choquant. On
peut employer les reffources de l'Art pour
rendre ces fenfations plus vives ; il s'agit de
développer les objets dont la grandeur eft
le caractere , & de donner plus de vigueur
à ceux qui fe diftinguent par la force ; on
marquera avec foin ceux qui impriment la
terreur , en jettant çà & là quelques teintes
obfcures & propres à infpirer de la trifteffe.
Les avant-corps faillans font un des moyens
dont on peut f' fervir ; quelques percés qui
fe terminent fur un endroit fombre & obf-
cur , où la vue puiffe à peine pénétrer à travers les ténebres , feront une vraie reffource :
d'un autre côté on laiffera appercevoir , fi
l'occafion le permet , de ces lointains vagues
& non déterminés , où il ne fe préfente aucun
objet fur-lequel la vue puiffe fe repofer.
Rien de plus terrible , l'ame eft étonnée ,
elle frémit. Les maffes fieres & hardies , fur
lefquelles les yeux ont été fixés d'abord ,
l'ont préparée à cette fenfation. L'Océan
lui-même , par fa majefté , nous dédom-
mage à peine de fon immenfité. En effet ,

pour qu'il forme une perspective agréable, il faut qu'on puisse appercevoir à une distance médiocre un rivage, un cap, une isle : ces objets variés donnent au tout la figure & la vie.

On ajoute au genre terrible par quelques ornemens relatifs : cependant, qu'on ne s'y trompe pas, ces accessoires serviront à désigner le caractere, mais ne lui donneront pas l'expression ; cette empreinte distinctive est due à des qualités majeures que rien ne peut suppléer.

La grandeur est essentielle au genre terrible, ainsi que les masses fieres & marquées font l'apanage du majestueux.

Sommes-nous placés sur le bord d'une riviere, la simple agitation de l'eau engourdit nos sens, nous endort ; plus de rapidité nous réveille & nous anime ; si cette rapidité est portée à l'excès, elle jette l'alarme dans nos sens ; c'est un torrent dont le fracas, la force & l'impétuosité inspirent la terreur, sensation étroitement liée avec la sublimité, soit qu'on la regarde comme cause ou comme effet.

Telle eſt la marche de nos ſenſations, la proportion d'une partie au tout détermine la ſituation naturelle d'un objet, indique ſon eſpece, & donne le ſtyle convenable à chaque ſcêne.

On ne ſauroit être trop attentif aux maſſes d'un édifice, à l'effet qu'elles doivent produire dans leur élévation au plus ou moins de lumiere qui en peut réſulter; les ombres doivent tempérer les jours, & la lumiere doit tempérer les ombres. C'eſt dans ce principe que réſide la réuſſite; dans lui ſeul on peut trouver le *vrai beau:* juſqu'ici on n'a pas fait aſſez d'attention ſur un objet d'auſſi grande importance. Si une fois la matiere peut être réfléchie, diſcutée, la vérité ſe fera jour, & on en recueillera les plus grands avantages. Cette obſervation eſt eſſentielle, nous le répétons. L'Architecte le plus intelligent ne peut eſpérer de réuſſir, qu'autant qu'il aura fait ſon deſſein, en conſéquence de l'expoſition du Soleil qui éclaire les parties principales de l'édifice à conſtruire. Il faut que, comme un habile Peintre, il ſçache profiter des ombres, des lumieres, qu'il ménage ſes teintes, ſes dégradations, ſes nuances , qu'il mette dans le tout un véritable accord , & que le ton général foit propre & convenable ; il doit en avoir prévu les effets , & être auffi circonfpect fur toutes les parties , que s'il en avoit un tableau à produire.

Comme dans les pieces dramatiques une feule action remplit toute la fcêne , il faut de même dans un édifice obferver l'unité de ca-ractere , & que cette vérité fixe d'abord l'ima-gination , en frappant les yeux.

On ne s'écartera jamais des convenances & des bienféances relatives au genre de l'édifice que l'on veut conftruire.

On mettra dans le tout de l'efprit , de la grace , de la fineffe ; c'eft principalement par ces refforts que les chef-d'œuvres des Grecs firent les délices de leur fiecle. Que tout ait un air aifé & naturel , qu'on ne s'apperçoive pas du travail : il faut , quand le morceau d'Ar-chitecture eft terminé avec beaucoup de foin , qu'il femble n'avoir prefque rien coûté. C'eft l'effet du grand Art de ne pas fe laiffer ap-percevoir. Mais fur-tout que le bel ordre , le caractere propre, l'harmonie enfin y brillent de toutes parts ; qu'on y refpire je ne fais quoi de fatisfaifant , que l'ame y foit contente , qu'il femble enfin que les graces aient conduit elles - mêmes l'opération. Laiffons au vulgaire les froids ornemens , ce font de foibles moyens. C'eft par le grand enfemble qu'on attire & que l'on fixe l'attention ; c'eft lui feul qui peut intéreffer tout à la fois & l'ame & les yeux.

Le premier coup-d'œil doit nous frapper, il enchaîne nos fens ; les détails , les maffes de la décoration , les profils , les jours conduifent à ce but. Les grandes parties , la pureté des profils , des jours ni trop vifs ni trop fombres, de beaux percés , les maffes bien cadeneées , beaucoup d'harmonie annoncent la grandeur & la magnificence. C'eft dans les proportions Corinthiennes qu'on doit trouver ces richeffes.

Dans le genre martial, les proportions de l'Ordre Dorique font celles qu'on fuivra ; il faut de la fermeté , le plan doit être févere.

Defirez-vous infpirer le ton qui convient au Palais de Thémis ? Ce font les dimenfions de l'Ordre Ionique qui viendront à l'aide. Les

corps

corps doivent être moins heurtés que dans le caractere précédent, les jours conféquemment moins brillans & bien ménagés.

La triftefse ou la gaieté dépend des mafses plus ou moins refserrées ; c'eft circonfcrire l'ame, & lui donner la marche que nous dicte la nature. En effet, nous fommes conftitués tels, que dans la joie notre cœur fe dilate & fe perd dans l'étendue. Un lieu bien ouvert, où regne un beau jour, beaucoup d'harmo‑ nie, beaucoup d'accord, peu d'ombre, afin qu'il y ait moins de contrafte, appellera cet efprit de gaieté qui s'accorde fi bien avec la fanté.

Voulez-vous cette gaieté folle, ménagez le plus grand jour poffible, des mafses peu frappantes, de façon que rien ne femble oc‑ cuper, qu'on puifse jouir fans réflexion; il ne faut aucun objet contrariant. L'Art ne doit y paroître en aucun point, tout doit y avoir une forme aifée, fimple & naturelle.

Pour rendre un lieu trifte, ce font les regles à peu près contraires ; le jour doit être fombre, refserré, & former comme des demi‑teintes ; il faut des mafses fimples &

E

unies, afin qu'il y ait moins de jeu dans le tout ; faites régner la monotonie, pour que l'œil ne puisse s'écarter & se dissiper par la variété des objets.

Un lieu ouvert, différens reflets de lumiere, du jeu dans les ombres, un ensemble de proportions Ioniques, porteront à la dissipation.

Un jour égal, peu vif, qui peut être provoqué par le concours des lignes droites, par celui des masses, ainsi que par celui des espaces étroits, relativement à leur hauteur & à leur longueur, occasionnera le recueillement. La lumiere venant d'en-haut apportera un surcroît de réussite, de faux jours même peuvent être avantageux, une lumiere réflétée produit un grand effet : il est nombre de moyens que nous pouvons tenter, mais aussi que nous ne pouvons trop étudier.

Dans tous les cas il est intéressant de conserver ce majestueux, ce sombre qui doivent caractérifer les édifices consacrés à la Religion ; consultons à cet égard nos temples gothiques, contemplons-les avec la plus scrupuleuse attention. Leurs leçons dans ce genre font favantes ; nous pourrions même dire qu'elles font fublimes.

Nous avons annoncé que la grandeur, la magnificenee fe faifoient fentir, fi l'enfemble étoit en raifon des proportions de l'Ordre Corinthien ; mais fi vous employez des jours vifs & brillans, fi vous les multipliez, fi vous renoncez aux maffes larges & fieres, vous vous approchez du genre agréable.

Pour infpirer le refpeƈt, la confidération, on doit recourir au caraƈtere du grand. Obfervez de belles maffes, qu'elles foient bien proportionnées, bien prononcées ; que les profils foient nobles ; ne donnez pas trop de jeu à la lumiere ; que les ombres foient égales, & qu'il y ait un peu de réflet.

Defire-t-on infpirer la volúpté, il faut quitter en partie les lignes droites pour le plan, mêlez-en au moins de courbes ; ces formes font confacrées à Venus : la lumiere ne doit pas être trop brillante ; il n'y auroit plus ce ton de myftere qui lui eft propre ; il faut d'ailleurs que la galanterie & la délicateffe y regnent. Les ornemens legers conviennent, placez-les avec goût.

E 2

Tels font les principes qu'on peut en général établir pour exciter nos fenfations. Combien de nuances différentes en peut-il émaner ?
C'eft au véritable Artifte à les faifir, à les pratiquer.

Revenons fur nos pas ; difons que le paffage même des portes doit annoncer &
avoir l'empreinte du lieu où il conduit par
le caractere qui lui eft propre, par fa forme
& fon étendue ; en général trop de longueur,
fi la largeur n'y eft pas relative, le rendra trifte
& mauffade. Il faut qu'il ait en dimenfion, depuis le quarré parfait jufqu'au parallélogramme
double en longueur de ce qu'il peut avoir en
largeur ; fi la longueur étoit forcée au-delà
de cette derniere mefure, ce qui arrive fouvent, il faut y pratiquer de droite & de gauche des percés, ne fuffent-ils que feints, c'eft
un moyen d'interrompre la trop grande profondeur, & de la rendre plus foutenable ; la
loge du Suiffe, les entrées d'efcalier facilite-
ront ces ouvertures, qui réuffiront d'autant
mieux qu'elles feront plus grandes & bien
proportionnées. Quelques croifées feintes, fi
l'on ne peut faire autrement, en obfervant

de les bien fymétrifer , de les tenir d'une belle
proportion , donneront du jeu ; les chambranles , les bandeaux , les corniches & leurs
acceffoires y apporteront de la richeffe. Quelques niches décorées avec goût , placées avec
art , & ornées de belles figures , y réuffiront
très-bien , & par des fymboles analogues feront connoître le caractere de l'édifice , &
prépareront la fenfation.

La *cour* eft auffi un objet qui mérite beaucoup d'attention : elle ne doit être ni trop
grande ni trop petite : les édifices qui s'y trouvent décident de fon étendue ; c'eft de leur
relation réciproque que part le premier at-
trait de la fenfation. Les édifices plus ou moins
élevés fur le même efpace forment la gradation de la trifteffe à la gaieté , & ainfi des
autres.

Pour avoir une cour d'une belle proportion , il faut qu'il y en ait toujours la moitié
au moins éclairée du Soleil. A cet effet, on
lui donnera une fois & demi en longueur ce
qu'elle a de largeur , en obfervant que cette
même largeur ait le double de ce que les ailes
du bâtiment ont en hauteur. Mais quelle eft

E 3

la proportion de ces édifices en aile ? Si l'on n'y pratique qu'un rez de chauffée, il faut suppofer un Ordre d'Architecture, & alors conferver les proportions qui en peuvent réfulter.

S'il y a deux étages, divifez toute la hauteur en fix parties, vous en donnerez trois au rez de chauffée, deux à l'étage fupérieur, & une à l'entablement.

Voulez-vous trois étages, divifez le tout en quatorze parties ; le rez-de-chauffée en aura cinq, l'étage au-deffus quatre, celui plus haut trois, & l'entablement deux.

Ne pouffez jamais la divifion au-delà de trois étages, vous tomberiez dans le petit ; on ne peut éviter trop foigneufement ce défaut. Si cependant on y étoit forcé, détachez le rez-de-chauffée, traitez-le en forme de fous-baffement, vous lui donnerez la même hauteur qu'au premier étage, & alors toutes les autres fubdivifions ferviront pour les parties fupérieures.

Si la commodité demande un étage d'entrefol, faites en forte qu'il ne foit pas marqué fur la façade, il donneroit un air foible, pauvre, & gâteroit la beauté de l'enfemble.

Telle eft la proportion des édifices avec la cour : obfervons encore que, lorfque fa longueur paffe le double de fa largeur, elle paroît étranglée, à moins qu'on ne lui donne par des avant-corps des formes qui alors contrafteront entr'elles.

Les édifices en aîle ne doivent pas être auffi élevés que l'édifice du fond qui eft réputé être le principal.

Les milieux, foit des aîles, foit de l'édifice principal, doivent être décorés d'avant-corps : ces arrangemens donnent du jeu à tout le plan. Quatre pavillons faillans en place de quatre angles peuvent réuffir. Quelquefois des pans coupés & un avant-corps feront auffi un bel effet. On peut enfin employer différentes formes, différentes maffes, mais on ne peut être trop attentif à leur rapport & à l'harmonie de leur proportion. Ces maffes, ces formes décident le genre, le caractere de la fenfation ; ce font elles qui difpofent & qui donnent le grand effet aux jours, qui font jouer les ombres & deffinent tout le morceau.

E 4

Au furplus, la faillie des avant-corps doit être en rapport de la maffe des bâtimens & de l'étendue de la cour.

Il ne faut pas que l'entablement faffe d'autre reffaut que celui des avant-corps : alors il forme de belles maffes & donne de l'ame au deffin , autrement il fait papilloter l'enfemble , le détruit , le rend mefquin & de mauvais goût.

Les corps & les arriere-corps ne doivent pas être de mefure égale en largeur , ils deviendroient monotones. Les arriere - corps doivent donc être du double des avant-corps, de forte que , fi l'avant-corps a un pied , l'arriere-corps en aura deux au moins, ou trois au plus ; on ne peut s'écarter de ce principe fans pécher contre l'accord.

Ce font les maffes , ce font les corps & les avant-corps qui concourent à l'effet. Dans les plans ils donnent du jeu , dans les maffes ils fourniffent la grace , & dans l'élévation ils interrompent la ligne droite & monotone qui termineroit l'édifice & le rendroit fatiguant & ennuyeux. En effet, par le moyen de la perfpective , les avant-corps nous paroiffent plus élevés que ceux qui forment le fond ; alors ils ont l'avantage à nos yeux de se dessiner dans le vague des airs , & d'y tracer la forme de leur plan.

Mais en évitant un défaut , ne tombons pas dans un autre ; en multipliant trop les avant-corps dans les plans , le tout ensemble devient maigre & fatigue la vue : il est un juste milieu ; le vrai beau ne peut s'en écarter.

Observons encore que tout édifice qui a un peu d'étendue , doit être coupé & interrompu par des hauteurs inégales ; ce n'est pas assez d'y dessiner quelques avant-corps , il faut qu'il présente aux yeux du contraste , de la diversité , & qu'il se dessine lorsqu'on l'apperçoit du point d'éloignement , où toutes les parties se confondent , & où il ne reste plus que la masse.

Nous en avons la triste expérience dans la façade du Château de Versailles sur le Jardin ; considérez-en la masse & l'ensemble à une distance un peu éloignée , & telle que nous venons de le dire , elle ne produit aucun effet , elle ressemble à une longue & haute muraille , elle en a toute la tristesse & la mo-

notonie. Quelle senſation au contraire n'auroit-elle pas produite, ſi on l'eût deſſinée
d'après les idées & les réflexions ſimples &
vraies que nous oſons avancer ? Des parties
plus hautes les unes que les autres, plus de
diverſité dans les maſſes & dans les plans auroient donné le jeu & la vie ; l'accord & l'harmonie auroient formé du tout un enſemble
raviſſant.

Qu'on y réfléchiſſe, qu'on conſulte les regles de l'Art, on en ſera convaincu. Un avant-
corps, par une ſuite de la perſpective, paroîtra plus haut que l'arriere-corps ; l'obſervation decide la queſtion, ainſi que les démonſ-
trations des principes d'optique. En effet,
d'un point tirez deux lignes formant un angle
quelconque, l'ouverture ſera progreſſivement
plus grande à quatre pieds qu'elle ne l'eſt à
deux ; donc le corps le plus éloigné paroîtra
moins haut à raiſon de ſa diſtance.

Raſſemblons comme dans un cadre les idées
des décorations extérieures.

Obſervons qu'on ne peut être trop circonſ-
pect ſur le genre & ſur le caractere d'un édifice à conſtruire : quand une fois on eſt dé-

cidé, on ne peut prendre trop de précaution pour ne rien admettre qui ne soit néceſſaire. Les plus belles choſes ſont en danger de déplaire dès qu'elles ne ſont pas en leur place , & qu'elles interrompent nos ſenſations en donnant le change au cours de nos idées.

L'enſemble doit donc avoir une proportion relative à ſes différentes parties, au genre & au caractere qu'on veut lui donner : il doit être bien cadencé, bien ſymétriſé tant en plan qu'en élévation. La droite ne doit pas être plus large que la gauche , & cette derniere partie être différente de la premiere.

Si dans une façade il y a quelques parties plus élevées les unes que les autres , c'eſt pour l'ordinaire celle du milieu qui doit pyramider & commander aux autres. Dans une longue facade il faut interrompre la ligne droite qui pourroit la terminer , & qui l'empêcheroit de jouer & de ſe deſſiner dans le vague de l'air : autrement elle ſeroit monotone & ne produiroit aucun effet. Les avant-corps , les arriere-corps fourniſſent des moyens pour donner du jeu à l'enſemble , & produire cette harmonie ſi néceſſaire au grand art de plaire : en général ce font les formes des bâtimens qui décident l'effet principal. Une forme commune, d'une proportion peu réguliere, ne produit néceffairement que des fenfations défagréables ou choquantes.

On ne peut donc apporter trop de foin dans la compofition d'un plan, dans la régularité de fes proportions, dans l'exactitude de fes accords, dans la beauté de fes maffes, dans le jeu & les effets de lumieres. Ce font les jours, les ombres qui décident de la réuffite, & contribuent le plus au caractere.

Il eft mille manieres de furprendre, de plaire, d'enchanter ; il n'y a cependant qu'un vrai beau ; les fenfations nous guident, elles affortiffent les nuances.

Etudions la nature ; c'eft en la confidérant dans l'enfemble de fes parties que l'on parvient à démêler dans le plan général de fa conftruction cette fuite nombreufe de rapports qui, comme autant de chaînons enlaffés les uns dans les autres, forment un tout, dont les maffés particulieres produifent la véritable harmonie toujours fimple, toujours magnifique.

La fécondité du génie qui tire avantage de tout , fait fe plier pour plaire par l'élégance de fa forme , par la beauté de l'enfemble , & par le bon gout des ornemens. Quels obftacles ne peut-on pas furmonter ? quels effets ne peut-on pas produire , fi à une ame courageufe pour le travail , à un goût pur & naturel , on joint un jugement foutenu par des études profondes & réfléchies.

Au furplus , ce font des vues que je préfente : c'eft à ceux qui croiront en avoir befoin , à les fuivre , à les étendre, à les perfectionner.

Les jardins donnent beaucoup de jeu aux bâtimens , quand ils font bien mariés enfemble ; quand la partie d'efplanade qui fe trouve au-devant eft bien proportionnée ; quand les parterres font relatifs , en confervant toujours cette heureufe négligence , cette piquante bifarrerie de la nature dans fes productions ; quand l'Art , quoique paroiffant abandonné , nous laiffe appercevoir de ces agréables & charmans percés à l'extrémité defquels fe rencontrent des points de vue délicieux qui excitent la curiofité la plus vive.

Un amateur célebre (1), & digne de la place qu'il occupe, en a parlé si élégamment dans son Livre sous le titre modeste, *d'Essai sur Les Jardins*, que nous croyons ne pouvoir mieux faire que d'y renvoyer. Tout y est senti; tout y est prévu, tout y est raisonné & dicté par la délicatesse. Chaque partie affecte & excite sa sensation. On peut dire que ce sont les délices d'un vrai Philosophe; on croiroit, en le lisant, errer au milieu de ces Jardins où les Fées étalent leurs enchantemens; cependant, lorsqu'on y réfléchit, on ne voit rien que de simple & de naturel, tant le vrai a d'empire sur nos sens.

Si on veut regarder ces idées comme un beau songe, on ne disconviendra pas qu'il peut être réalisé, & que l'analyse de ces mêmes idées les rendra plus agréables : leur développement ne peut qu'échauffer notre imagination, & nous mettre à portée de découvrir toutes les sources d'une mine abondante, dont les branches nous procureront le précieux avantage d'émouvoir, de satisfaire nos

____

(1) M. Watelet, de l'Académie Française, &c.

fenfations , de rendre nos demeures analogues à nos goûts , à nos défirs , & aux différens befoins que le luxe enfante chaque jour ,
tant pour notre fatisfaction perfonnelle que
par rapport aux ufages & aux mœurs de la
fociété dont nous faifons partie.

DE LA DISTRIBUTION
ET DU DÉCORE.

La distribution intérieure fera le principal objet de notre differtation. Si tel édifice flatte par les dehors , tâchons que les dedans y puiffent répondre : ce font les parties que nous habitons, elles n'en font que plus précieufes. Les extérieures ne font pas moins intéreffantes , elles femblent faites pour préparer les efprits , elles infpirent une prévention favorable ou contraire. En effet , ce font les dehors qui doivent d'abord nous fixer & nous attacher ; ils doivent nous indiquer ce que peuvent être les dedans, & à quels ufages ils font deftinés. Un temple ne fe deffine pas comme un édifice particulier , quelque fuperbe qu'il puiffe être : les dedans & les dehors doivent avoir la relation la plus intime. Ce feroit une faute effentielle que de donner trop de magnificence à l'extérieur, fi les dedans n'y répondoient point : il vaudroit

droit mieux établir des dehors simples que
de les charger de richesses , si les dedans sont
négligés. On tombe souvent dans ce défaut ,
& cependant on ne peut l'éviter avec trop de
soin ; il occasionne à peu près la même sensation que si nous voyons sur quelqu'un un habit
superbement galonné , & le reste de l'habil-
lement pauvre , rustique & grossier.

Avant d'entrer dans aucun détail , parcourons d'un œil rapide les édifices des anciens
Romains , ces vainqueurs de la terre : ils donnoient tout à la décoration extérieure, ainsi
que les Grecs , & les dedans n'étoient nulle-
ment commodes ; il n'y avoit aucune relation
entre chaque piece , le décore du dehors
fixoit leur étendue. De vastes galleries faisoient
le principal de ces anciens édifices. Que l'on
voie la description que *Pline* nous a faite de
ses maisons de campagne ? On trouvera dans
celle du *Laurentin* une immensité de terrein ,
beaucoup de somptuosité , une grande magnificence ; mais point de commodités particulieres. Ils savoient profiter seulement de la
situation des lieux ; des expositions les plus
favorables à la santé , & de cette volupté que

F,

les hommes sages éprouvent en jouissant d'un air pur & tempéré, suivant les différentes saisons, & malgré l'inconstance même des temps.

On apprendra encore l'Art de profiter en Architecture de tout ce qu'un climat offre d'agréable aux yeux & à l'esprit, suivant sa situation. Dans le grand nombre & la vaste étendue des pieces, il y en avoit où l'on pouvoit jouir de la vue & du bruit même de la mer; d'autres plus retirées au milieu des jardins ne recevoient ce bruit que de fort loin, & que comme une espece de murmure. Dans celles qui n'avoient ni la vue ni le bruit de la mer, on jouissoit d'une paix profonde & du calme le plus doux. Dans ces différentes situations il y avoit des appartemens & des chambres de jour & de nuit, de grandes salles d'assemblées ou de festin, d'autres moins grandes pour la réunion de la famille & d'un petit nombre d'amis pris avec choix. On y verra quelques pieces particulieres, où le maître de la maison pouvoit, par le moyen d'une longue gallerie, s'éloigner de tout son domestique pour travailler & jouir du repos.

Cet enfemble annonce beaucoup d'apparat ,
une grande profufion & un luxe mal entendu.
La grandeur , le vafte & l'ufage de chaque
piece le feront fentir. En effet , fi l'on confidere le dehors des édifices du *Laurentin* , on
verra qu'ils contenoient d'un bout à l'autre
cent foixante-dix toifes de face environ ; on
peut même avancer qu'ils avoient jufqu'à deux
cent quarante toifes (1) , fi la partie du logement des efclaves & des affranchis s'étendoit
aufſi loin que la partie oppofée. C'étoit une
chofe néceffaire pour donner à l'enfemble
une fymétrie parfaite : il ne falloit pas moins
d'étendue, cela eft évident fi l'on confidere que
la falle de feftin ordinaire avoit dix à onze
toifes de longueur fur un peu plus de fix toifes
de largeur. La grande cour avoit trente toifes
fur vingt-quatre, & la petite cour d'une forme
circulaire douze toifes de diametre. La galerie que Pline lui-même comparoit , pour fa

***

(1) Pour faire connoître cette étendue par comparaifon ,
nous obferverons que le Château des Thuilleries a cent
foixante-dix toifes de face fur le jardin. Nous dirons auffi
que le Château de Verfailles contient dans toute fon étendue fur le Jardin deux cent vingt toifes.

F 2

grandeur, aux édifices publics, avoit quarante-
cinq toises de longueur sur cinq de largeur ;
une seconde salle de festin de douze toises
sur huit, & attenant une chambre de douze
toises sur six environ de large , ainsi que le
jeu de Paulme.

Qu'on juge de l'ensemble d'après ces mesures, qu'on y joigne les Jardins , & qu'on
fasse attention que cette maison étoit pour un
Consul (1) qui en avoit plusieurs presque aussi
vastes & aussi somptueuses (2).

'Nous pourrions citer les maisons de Cice-
ron , suivant le rapport de Salluste, celles
de Pompée, la magnificence des édifices de
Lucius Lucullus , de Sylla & de tant d'autres
Romains, mais ces descriptions, quoiqu'in-
téressantes, ne seroient pas d'une grande utilité pour l'objet que nous traitons ; elles ne
nous offriroient que la maniere dont les anciens se logeoient, qui est fort différente pour

____

(1) Pline , neveu de Pline l'Historien , qui vivoit sous
l'empire de Trajan vers la centieme année de notre salut.

(2) Sa maison de Toscane, une autre à Frescati, à Ti-
voli, que Pline désigne sous les noms de *Tusculum* , *Tibur*
& *Praneste*.

fa diftribution de celle que nous employons en France. Nos mœurs ne font pas les mêmes non plus que nos ufages : nous nous contenterons donc de nous renfermer dans ce qui nous eft relatif, & nous dirons que le Français feul, entraîné par la volupté, a rafiné fur les aifances; nourri par l'ambition, excité par le fafte, il a facrifié au luxe : induftrieux, il fait tirer partie de tout, un rien l'occupe, l'amufe; bientôt il en fait un objet important, il le rend utile; la mode paroît, & ce qui n'étoit qu'utile devient néceffaire. Ce ne font pas ces dehors vaftes & étendus qui l'ont féduit, il fait mieux combiner fes intérêts & fe rapprocher de fon but, il aime les objets raffemblés, mais en même temps il veut qu'ils ne foient pas cōnfondus dans leur ufage. Si le nombre des pieces paroît multiplié, c'eft l'ordre & le ton de grandeur qui le déterminent.

Ingénieux Français, notre fiecle voit briller avec étonnement l'étendue de vos talens. L'homme fenfible admire les heureufes diftributions que vous avez inventées. Tels font les progrès que vous avez fait faire à l'Architecture; encore un pas, & bientôt il fentira

son ame se développer & prendre un essor
sublime: il est frappé de l'harmonie & du rapport des proportions de l'Architecture employées à propos. Vous vous rendez maîtres
du mouvement de son cœur, &, par une
espece de magie, vous excitez à votre gré
toutes sortes de sensations. Ce sont ces différens ressorts que nous cherchons à développer, & sur lesquels nous ambitionnons d'é-
tablir des regles & des principes : que l'heureux génie qui nous en a inspiré la premiere
idée, daigne aussi conduire notre plume :
commençons par la distribution qui est un
objet des plus intéressans, puisque notre
bien-être en résulte.

Pour ne pas tomber dans la confusion,
marchons pas à pas, & observons qu'en général un appartement doit être composé au
moins de cinq pieces essentielles, une antichambre, un sallon, une chambre à coucher,
un cabinet & une garderobbe ; mais combien
le rafinement a-t-il fait naître de besoins ; il
faut qu'un sallon soit précédé de plusieurs antichambres, les antichambres même doivent
l'être d'un vestibule. Une premiere anticham-

bre pour le commun du domeſtique , une
ſeconde pour les valets de chambre & pour
les gens honnêtes qu'on eſt obligé d'annoncer ; la troiſieme antichambre ſert à faire attendre ces mêmes perſonnes ; il faut que la
ſalle à manger ne ſoit pas éloignée de cette
premiere piece ; cette même ſalle doit avoir
à côté d'elle une piece pour poſer les plats
ſortans de la cuiſine , & prêts d'être placés
dans l'ordre qu'ils doivent tenir ſur la table ;
il y aura auſſi une piece pour rincer les verres ,
& mettre le vin & les liqueurs dont on peut
avoir beſoin dans le courant du repas ; tous
ces endroits auront leur dégagement avec les
cuiſines & offices , autant qu'il eſt poſſible.
On évitera de paſſer par les antichambres , le
ſervice de table en ſera détaché : on doit pénétrer au ſallon ſans être gêné , ſans courir
les riſques d'être preſſé & dérangé par un
domeſtique occupé du ſervice.

C'eſt donc de la troiſieme antichambre que
l'on pénetre au ſallon & à des garderobbes
qui ne doivent pas être éloignées de la ſalle
à manger ; on obſervera toujours que l'entrée
de ces mêmes garderobbes ne ſoit pas par le

falion ou par la falle à manger, c'eft ordinairement la feconde ou troifieme antichambre qui fert d'entrée.

La chambre à coucher doit fe placer à côté du fallon. Cette piece entraîne bien des acceffoires, il lui faut une garderobe particuliere, un cabinet de toilette, un boudoir & le logement pour un ou deux valets de chambre ou femmes de chambre, un autre pour un laquais. Non loin doit être l'appartement de bain qui, pour l'ordinaire, eft compofé de la falle de bain, d'une étuve, d'une piece de dégagement & d'un cabinet à l'angloife; & enfin d'une chambre à coucher particuliere.

A la fuite de l'appartement dont j'ai parlé, qui eft ordinairement celui de la maîtreffe de la maifon, on joint celui du maître dont les premiere & feconde antichambres font quelquefois les mêmes que les précédentes. Mais on a befoin de deux cabinets qui tiennent lieu de fallon, & fervent à recevoir le monde. Enfuite eft la chambre à coucher que doivent accompagner un ou deux beaux arriere-cabinets & des garderobbes avec des dégagemens particuliers. Il ne faut pas oublier une bibliotheque & un cabinet au bout : fouvent on défire une galerie pour des tableaux, un cabinet pour des médailles & des bronzes, fouvent même on ajoute un cabinet d'hiftoire naturelle. On fent aifément que toutes ces pieces en entraînent d'autres qui leur font acceffoires & relatives ; c'eft ce que nous ferons connoître en parlant des détails. En attendant contentons-nous d'obferver que, malgré ces nombreux & vaftes logemens, il y a encore de petits appartemens où on a le foin de faire trouver tout ce que la commodité, l'aifance & le luxe peuvent faire defirer. Auffi ces petits appartemens font-ils plus fréquentés que les grands ; la nature conduit à cette préférence. Les grands appartemens ne font, à proprement parler, que de parade, il femble que la gêne & la contrainte en foient l'apanage : dans de trop grandes pieces l'homme fe trouve difproportionné. Les objets font trop éloignés de lui, on s'y retranche dans une partie, le refte devient inutile & déplaît.

Les logemens des domeftiques & des officiers de maifons doivent être à la portée du fervice.

Souvent on a des appartemens d'été &
d'hiver, les fallons fur-tout font diftingués.
On a celui d'automne, nonobftant celui d'hiver
& celui d'été.

Qu'on ne croie pas que ce foit un Palais
de Roi dont nous faifons la defcription ? Un
particulier porté au fafte par la richeffe, exige
cette profufion de logement. Une Actrice,
une petite maîtreffe vont fouvent plus loin.

Les cuifines emportent avec elles un garde-
manger, un lavoir, une rôtifferie & une
dépenfe.

L'office demande une étuve, un four, &
deux pieces avec des armoires, dont l'une
pour les confitures & fucreries, & l'autre
pour les fruits ; encore convient-il qu'attenant
cette piece il y ait un fruitier : il faut encore
une piece affez grande pour dreffer le fervice : on y doit ajouter pour l'argenterie une
chambre attenant le logement de l'Officier, qui fera compofé au moins de trois à
quatre pieces, d'autant plus utiles, que dans
le cas où on donne à manger, une partie de
ces pieces devient néceffaire pour le travail.

Le Secretaire, l'Intendant, le Maître-d'Hôtel ont leur logement , on les placera de la maniere la plus convenable à leurs fonctions.

L'Ecuyer , le Piqueur feront à portée de la baſſe-cour où ſe trouvent les écuries , & à la proximité des écuries , il faut des endroits pour ſerrer les ſelles & les brides.

Les remiſes feront expoſées au Nord ; la plupart toutes ouvertes , mais il en faut pluſieurs fermées , pour les voitures principales qu'il eſt intéreſſant de conſerver ; malgré cette précaution , il doit y avoir un endroit particulier pour ſerrer les couſſins de la voiture , les glands , les rubans & les cocardes des chevaux.

Pratiquez des cours aſſez grandes pour tourner les voitures à tels attelages qu'elles puiſſent être ; il doit d'ailleurs y avoir une cour à fumier , dont le ſervice ſe faſſe par le dehors ſur les rues , c'eſt dans ces cours où ſe pratiquent ordinairement les aiſances pour les domeſtiques.

C'eſt une grande incommodité que de deſcendre de voiture ſans être à couvert.

Il faut que le Suiſſe ſoit à portée de l'entrée principale , & il doit avoir au moins une loge , une chambre , un petit bucher & une cave.

Tel eft l'enfemble de ce que nous appellons Hôtel , tel eft auſſi celui de la plupart des maiſons de campagne des environs de notre Capitale.

Ce ſimple détail eſt bien ſuffiſant pour faire ſentir le rapport de tout l'enfemble , mais en même-temps il ne fait pas aſſez connoître la relation de toutes les parties , & conſéquemment l'analogie & le rapport des proportions avec nos ſenſations : c'eſt pourquoi nous parlerons de chacune de ces parties ſéparément ; & nous dirons ce qui en conſtitue la commodité & l'agrément.

Pour y parvenir , établiſſons les regles générales de la diſtribution , & diſons qu'on ne ſauroit être trop attentif à conſerver de grandes & longues enfilades ; on doit même porter ſes ſoins à les multiplier ou à les prolonger par le moyen des glaces.

Les écoinçons , d'après les murs & les cloiſons de refend , doivent être égaux dans la même piece , ainſi que les trumeaux : les

croifées feront auffi de même grandeur ; les
portes égales pour les hauteurs & largeurs ,
il faut au moins qu'elles foient feintes ou cachées quand elles ne fe rencontrent pas de
même dimenfion , ou dans un milieu , ou
quand elles ne font pas fymétrie : elles feront
placées de maniere qu'on ne fe frotte pas le
long des meubles en paffant d'une piece dans
l'autre dans les parties de retour. Il faut qu'en
marchant on forme pour ainfi dire une portion de cercle ; il en eft de nous comme des
voitures auxquelles on fait prendre le tour
pour ne pas accrocher.

La cheminée , les poëles feront placés de
façon à ne pas gêner en paffant d'un endroit
à l'autre , fur-tout pour les antichambres. Le
Domeftique en général eft groffier & fans
éducation ; il eft inutile de l'expofer à manquer d'égards.

Il eft indifpenfable de ne pas faire perdre
les tuyaux des cheminées dans les épaiffeurs
des murs , autrement les retours des corniches
ou plutôt les reffauts que les faillies néceffi-
tent , ne font pas agréables , & occafionnent
de grandes difficultés pour les ornemens , fur-

tout pour les corniches à modillon dont les caiſſons doivent toujours être parfaitement quarrés.

La largeur du manteau de cheminée entre les jambages ſera relative à l'endroit où elle ſe trouve ; en général c'eſt un ſixieme de la piece : à l'égard de l'épaiſſeur de face des jambages, c'eſt auſſi un ſixieme de la largeur du vuide de la cheminée. Quant à la hauteur du manteau du deſſous de la traverſe, il aura les deux tiers de la largeur du vuide.

Qu'on ne craigne pas de faire tomber trop bas les manteaux de cheminée, la facilité de ſe voir dans la glace qui eſt au-deſſus, y engage, & d'ailleurs. moins il y aura de hauteur, moins on ſera ſujet à la fumée.

J'ai vu dans maints cabinets des cheminées ne pas avoir plus de hauteur qu'une table, elles réuſſiſſoient très-bien ; cette proportion étant relative à celle de la piece, étoit agréable & paroiſſoit ſatisfaiſante. Il y a des préjugés, ou plutôt des habitudes, dont on doit s'affranchir. Tout au ſurplus doit être relatif. Ce principe puiſé dans la nature eſt un des plus importants dans les Arts.

Les parquets d'une piece se symétrient , à partir tant du milieu des cheminées , que de l'enfilade des portes principales.

Les dégagemens seront commodes , aisés , éclairés , & conduiront aux escaliers des entresols pratiqués pour l'ordinaire au-dessus des garderobes ou autres petites pieces , auxquelles on ne peut donner toute la hauteur des grandes .& principales pieces. Il seroit utile au Maître de la Maison de la parcourir d'un bout à l'autre sans être vu ; c'est une chose aisée à pratiquer , & par le moyen de laquelle il semblera passer à travers l'épaisseur des murs, & les pénétrer dans leur longueur : il ne faut à cet effet qu'un corridor pratiqué entre les deux pieces d'un corps de logis double. Dans ce cas , il convient que ce corridor puisse être caché par le venteau des portes principales , lorsqu'il est ouvert : on croiroit volontiers que le mur est un corps dont on peut parcourir l'intérieur. Quelques Architectes ont fait un corridor en entresol au-dessus de celui dont nous venons de parler , & cela à la hauteur des portes , de façon que le plancher forme le plafond de l'embrafement , ce moyen ajoute à ce que nous avons dit : on peut parcourir & voir en tout temps les différentes parties de fa maifon fans être apperçu , mais on eft obligé de monter un petit efcalier dérobé ; je l'ai pratiqué , & j'ai vu qu'on ne fe fervoit que du corridor à rez-de-chauffée. Ce fecond corridor eft cependant des plus favorables, on voit ce qui fe paffe au moyen d'une petite baie cachée au haut de chaque piece ; c'eft un moyen de contenir tout fon domeftique : on s'en fert quand il eft néceffaire, & la feule idée que ce moyen exifte tient en refpect ; il eft facile de remédier à toute curiofité étrangere , en fermant d'un volet avec ferrure la baie par laquelle on peut voir, & dont le Maître feul aura la clef.

On peut donner différentes configurations aux pieces des appartemens : les unes feront quarrées, les autres parallélogrammes, on en fera de rondes ou d'ovales , d'octogones, enfin on en peut pratiquer de toutes fortes de figures régulieres : le parallélogramme ou quarré long eft la forme la plus générale ; l'octogone eft commode pour les échappées

&

& la répétition des glaces. Souvent on fait des pans au lieu des angles d'un parallélogramme ; souvent aussi l'extrémité d'une piece ser, terminée par une ou plusieurs portions de cercles : enfin il est une infinité de moyens de varier les formes. Si on désire un caractere sérieux dans certaines pieces, on pratiquera de formes quarrées ; les rondes sont plus gaies ; les courbes plus voluptueuses. Nous en dirons les raisons.

Examinons à présent chacune des pieces dans leur détail, dans leur usage & dans ce qui leur est relatif : ces choses une fois bien entendues, on concevra plus aisément l'harmonie & l'accord qui doit régner entre les parties, & entre chaque partie & le tout.

Vestibule.

Le vestibule est l'entrée ou plutôt la piece qui distribue pour l'ordinaire au grand escalier & aux autres dégagemens : on le décore en conséquence du genre que l'on veut donner à l'édifice dans lequel il est employé. Souvent il est ouvert par les deux bouts, & l'escalier se doit trouver à la droite ; alors on a toute facilité

G

pour monter en voiture ou pour en defcendre à couvert ; on ne doit jamais négliger ce principe , quoique nous ayons malheureufement beaucoup d'exemples du contraire : la plupart de nos Maifons Royales pechent par ce point : c'eft un défaut effentiel ; on ne peut l'éviter avec trop d'attention. Quel agrément , quel avantage ne trouve-t-on pas dans le veftibule du Palais-Royal (1) ! Quelle facilité n'y rencontre-t-on pas pour l'ordre que les Domeftiques doivent garder , lorfque leurs Maîtres montent en voiture ou en defcendent. Dans la plupart des autres édifices, au contraire , Châteaux , Palais , Hôtels , s'il pleut , les Maîtres mêmes en éprouvent l'incommodité. Au furplus , faites attention qu'en quelqu'efpece de bâtiment que ce foit, le veftibule étant la premiere piece qui fe préfente , il doit caractérifer l'édifice. C'eft à l'habileté de l'Artifte à faifir l'ufage de chaque piece , en employant le genre qui lui eft propre : nous l'avons déjà dit ; & c'eft ce que nous verrons , lorfque nous

______

(1) Par M. Content d'Ivry , Architecte du Roi & de fon Académie , qui a donné le deffin de l'Eglife de la Madeleine , & qui eft mort en 1777.

ferons connoître quel caractere chaque piece
doit avoir relativement·à fa deſtination.

Premiere Antichambre.

La premiere antichambre eſt la piece commune qui fuit·le veſtibule , ou le palier de l'eſcalier , & dans laquelle ſe tiennent les Domeſtiques ; elle doit être , en conſéquence , proportionnée au nombre deſtiné à l'occuper. Sa
décoration ſera ſimple ; un lambris de hauteur
en menuiſerie en fera tout le décore ; ſon plafond eſt ſouvent ſans corniche , du moins ſi
l'on en pratique , on aura ſoin qu'il y ait très-
peu de moulures ; le carreau eſt pour l'ordinaire de pierre de liais octogone avec rem-
pliſſage de marbre noir. En général on
échauffe cette piece avec un poële placé dans
une niche , & la chaleur s'en communiquera ,
ſi l'on veut , à la ſeconde antichambre ; la
niche étant dans l'épaiſſeur du mur. Il faut
avoir ſoin , comme on l'a déjà obſervé , que
ce même poële ſoit éloigné de la partie du
paſſage. Il eſt eſſentiel que les portes ſoient
diſpoſées de maniere qu'en paſſant d'un endroit à l'autre on ne ſoit pas expoſé à heurter

contre les meubles. On pratiquera dans cette piece de grandes armoires pour ferrer les chapeaux & redingottes des Domeftiques , ainfi que les chandeliers & les lumieres ; dans une de ces armoires on peut placer un lit qui fe rabatte pour le Domeftique de veille ; il y aura un endroit pour les flambeaux qui fera à l'épreuve du feu : d'un autre côté il faut une place pour le bois de la journée , il ne convient pas de le laiffer en vue à caufe de la malproprété qu'il occafionne , & en même-temps il eft à propos de ne pas l'abandonner à la difcrétion du premier Domeftique entrant ; non-feulement la confommation en feroit immenfe , mais il en pourroit réfulter des accidens.

Seconde Antichambre.

La feconde antichambre doit être plus ornée , elle fert pour les valets de chambre. Cette piece pour l'ordinaire eft parquetée ou planchéiée en point d'Hongrie pour plus de folidité. On y place une cheminée avec chambranle de marbre commun , & le contrecœur fera garni dans fon pourtour de plaques de fer

de fonte & de deux croiſſans : il doit y avoir
un deſſus de cheminée avec parquet & glace ;
cette piece eſt auſſi lambriſſée de hauteur. Elle
ſouffre même une ſorte de décoration ; on
peut y placer quelques ornemens de ſculpture,
mais toujours dans le genre & dans le caractere relatifs à l'état du Maître , ainſi que nous
nous en expliquerons. La corniche peut être
ornée de denticule, & taillée d'ornemens. En
face de la cheminée il peut y avoir une glace
de même largeur & dans un parquet de même
deſſein que celui qu'il répete ; on obſervera
cependant que la traverſe d'en-bas ſoit plus
baſſe , d'autant que cette glace doit partir
d'après la table de marbre qui eſt au-deſſous ,
& dont la hauteur eſt pour l'ordinaire de trente-
deux pouces.

Mais encore une fois , c'eſt dans cette piece
qu'on doit commencer à reſſentir le genre de
ſenſation qu'on aura à éprouver dans les pieces
qui ſuivent ; c'eſt , pour ainſi dire , une avant-
ſcêne à laquelle on ne peut apporter trop de
ſoin pour annoncer le caractere des Acteurs.

Troisieme Antichambre.

Cette troisieme antichambre eſt une eſpece de petit ſallon ou d'avant-cabinet, dans lequel les gens d'une certaine diſtinction attendent que le ſallon ou le cabinet leur ſoit ouvert.

Cette piece eſt parquetée & plafonnée avec corniche ſculptée : le chambranle de cheminée doit être de marbre fin ; le contrecœur avec plaque de fer de fonte dans ſon pourtour & deux croiſſans ; une glace au-deſſus, d'une belle largeur & hauteur, dont le parquet ſera ſculpté & quelquefois doré : les moulures des portes & des chambranles ſeront taillées d'ornemens, les chambranles même peuvent être couronnés d'une corniche ſupportée par des conſoles ; au-deſſus il y aura, ſi l'on veut, des bas-reliefs ou des tableaux ; mais, de telle maniere que ce ſoit, il faut que ces objets ſervent à couronner agréablement la porte, par le moyen de la forme pyramidale qu'il faut artiſtement donner au ſujet principal : c'eſt dans le milieu que doit ſe trouver le groupe & le ſujet toujours relatif au caractere convenable.

Ici l'Artiste doit commencer à accorder
fes maffes & fes détails avec l'intention
générale. Il doit s'attacher à produire des impreffions relatives les unes aux autres , &
à la deftination fucceffive de chaque piece.
Là auffi il peut employer la peinture , la
dorure & la fculpture : les glaces deviennent
néceffaires ; mais qu'il obferve que c'eft un
moyen d'orner dont il ne faut pas abufer : le
trop eft toujours préjudiciable au but qu'on
fe propofe , & fi l'on prodigue les ornemens,
il fera impoffible d'enrichir de plus en plus ,
comme on doit le faire , les pieces nombreu-
fes qui reftent à décorer. Dans celle-ci on
peut employer le damas ou la tapifferie , en
les renfermant dans des cadres , dans des compartimens dont les pendans & les vis-à-vis
feront de même mefure , de même genre &
de même dimenfion ; fur-tout que l'Artifte
mette un frein à fon imagination , le génie
qui le guide doit lui faire fentir les beautés
& les richeffes qu'il faut réferver pour fon
fallon , fa chambre à coucher , fes cabinets,
& pour nombre d'autres pieces qui ne font pas
moins intéreffantes.

G 4

Sallon.

Le sallon est la piece d'assemblée où se donnent les fêtes ; c'est dans cet endroit où se pratique le plus grand cérémonial : c'est en conséquence dans ce lieu où la magnificence doit se développer, où la richesse doit être prodiguée, où l'Artiste enfin doit déployer son goût, son génie : les marbres, les bronzes, la dorure, la sculpture, la peinture & les glaces lui prêteront leur secours ; les tapisseries que nous avons poussées à un si haut point de beauté peuvent l'enrichir : le crystal de roche pour les lustres, les girandoles, les candélabres, les statues précieuses, les vases les plus riches, les porcelaines les plus rares, peuvent concourir à l'embellissement de ce lieu. Les meubles dont nous avons porté si loin la perfection pour l'élégance & la commodité, ajouteront à la richesse. C'est ici que la magnificence du Maître doit se manifester : tout y peut être recherché ; l'Art, sans s'y faire trop sentir, doit s'y développer ; que les milieux soient bien soutenus, que tout y soit bien cadencé ; les percés bien symétri-

fés ; les glaces y suppléeront bien, mais qu'elles ne soient pas trop multipliées : la sculpture sera placée avec goût, les formes doivent être belles, nobles & majestueuses, ainsi que les parties qu'elles enrichissent. Que la longueur de la piece soit relative à sa largeur & à sa hauteur ; ce n'est pas le hasard qui doit produire ces mesures : la corniche & l'entablement, s'il y en a, seront en ce cas relatifs au reste ; les moulures principales seront taillées, mais qu'il y soit observé des ornemens de bon goût & bien dessinés ; les profils doivent être jettés avec grace : c'est en partie de la distribution des modillons que dépend l'harmonie de l'ensemble ; c'est du modillon d'où émanent les grandes masses qui donnent & décident le caractere ; c'est d'après ses aplombs que se forme l'accord ; lui seul donne le ton & regle la disposition du tout : si l'on veut pratiquer des corniches où il n'y ait point de modillons, l'ornement principal fait la même fonction, c'est son milieu qui doit servir de ligne de direction. Si toutefois on n'admet pas d'ornemens dans la corniche, le goût seul doit guider, mais que l'on tienne bien la balance pour

que la droite ne l'emporte pas en maffe fur la
gauche, la fymétrie eft effentielle. Si par évé-
nement on étoit géné par des percés pour la
diftribution du refte du local, le génie doit
venir au fecours, c'eft l'art qui y doit fuppléer; mais encore, qu'on foit attentif & délicat à cacher l'art qu'on emploie : nous avons
déjà dit, & nous le répétons, qu'il ne doit fe
faire fentir nulle part, que les chofes doivent
être placées de maniere, qu'il femble qu'on
n'ait pu faire autrement (1).

On peint quelquefois les plafonds. Un beau
ciel bien jetté, peu forcé en vapeur, donne
beaucoup de grace & de légéreté; la corniche en eft plus détachée, & rend alors tout
l'effet qu'on peut attendre de l'Architecture.
Si l'on veut placer dans les plafonds quelques

------

(1) Lifez Voltaire dans fon Temple du Gout. Il dit, en
en faifant la defcription :

« Simple en étoit la noble Architecture.
» Chaque ornement à fa place arrêté,
» Y fembloit mis par la néceffité :
» L'art s'y cachoit fous l'air de la nature ;
» L'œil fatisfait embraffoit fa ftructure,
» Jamais furpris & toujours enchaîné.

figures, il faut y employer des sujets allégoriques; c'est là l'instant où l'Artiste doit réveiller son attention; trop de figures, un coloris trop vif & trop brillant détruiroient entiérement l'harmonie de l'Architecture. Aussi la peinture d'un plafond doit-elle avoir toujours un ton aérien , & les objets en paroître éloignés & comme perdus dans l'immensité.

Si cette piece est faite pour annoncer l'opulence du Maître, elle peut tenir du caractere de gaieté , quelquefois aussi elle peut être grave & même sérieuse. Dans tous les cas il faut que le ton général en impose ; & quelque caractere qu'on choisisse, il est essentiel de le bien faire sentir. C'est ce que nous tâcherons de développer par des descriptions analogues aux différentes sensations ; au moins est-ce le but que nous nous proposons. Mais revenons & disons que cette piece principale est susceptible de toutes sortes de formes ; c'est dans ces formes même que l'on trouve en partie les caracteres qui font l'objet de cet Ouvrage. Nous nous contenterons pour l'instant d'observer que les Anciens distinguoient les fallons par leur conftruction ; ils les nommoient *Tétraftiles , Corinthiens* & *Egyptiens.* Un fallon étoit *Tétraftile* , lorfque le foffite étoit foutenu par quatre colonnes. Ils l'appelloient *Corinthien* , lorfque les colonnes qui le décoroient dans fon pourtour étoient engagées dans les murs , & ils le difoient *Egyptien* , lorfqu'il avoit dans fon pourtour des colonnes Corinthiennes ifolées , couronnées d'une fimple architrave , & portant un fecond Ordre avec un foffite.

Nous appellons *Sallon à l'Italienne* celui qui comprend deux étages dans fa hauteur , & qui n'eft ordinairement éclairé que par les croifées de l'étage fupérieur.

On en fait au furplus de toutes formes : il y en a de quarrés , tel que celui de l'ancien Château de Clagny dont nous ne pouvons trop regretter la démolition , mais dont heureufement nous avons tous les deffeins dans le plus grand détail : tel auffi que ceux des extrémités de la galerie de Verfailles.

Il s'en pratique de ronds & d'ovales , tels que ceux de Vaux & du Rincy , d'octogones comme celui de Marly. Nous les citons pour èxemples , ce font des morceaux précieux & de conféquence , qui ne peuvent qu'échauffer & animer l'imagination ; on ne fauroit trop la meubler de beaux objets & de grandes idées ; il eft des momens où ces tréfors fe retrouvent. Nous pourrions faire paffer en revué bien d'autres édifices , fur-tout ceux qui ont été conftruits depuis dix ans ; on y voit régner la richeffe & l'élégance ; les beautés de l'Art y font dans tout léur jour ; le goût le plus exquis s'y fait fentir ; l'ame y reçoit des impreffions agréables & variées , & la France poffede peut-être un plus grand nombre de ces beautés que tout autre pays , parce que le génie de fa nation eft porté à l'invention. Dans tout Etat riche , & où le luxe & les plaifirs dominent , il naît fans ceffe de nouveaux befoins , & ces befoins rendent induftrieux. L'émulation des Artiftes s'anime , l'intelligence fe développe , la délicateffé établit un choix , & le plus fimple édifice reçoit les embelliffemens qui lui font naturels. L'amour-propre , l'émulation , tout contribue à rendre les Artiftes inventifs , & les propriétaires à profiter de leurs talens. Jamais on ne s'eft autant occupé à bâtir qu'on le fait aujourd'hui. On voit s'élever de toutes parts des édifices plus fomptueux les uns que les autres. Si Rome en a fourni de plus vaftes , elle n'en a pas produit de plus élégans ; les dedans fur-tout font de la plus grande recherche pour la décoration , pour les diftributions , pour la commodité ; l'on a fçu y prévoir tous les befoins ; mais il manque fouvent une gradation de richeffe d'une piece à l'autre qui feroit né-ceffaire à l'entiere perfection , pour que l'ame fût parfaitement fatisfaite. Un feul fallon , comme il y en a quelques-uns de décorés , auroit fuffi autrefois pour immortalifer un Artifte. Cela ne fuffit pas , aujourd'hui on demande des enfembles complets où tout foit d'accord. Mettons donc nos talens en œuvre , appellons à notre fecours la méditation & le génie ; occupons-nous des impreffions que chaque objet doit faire naître. Etudions & cherchons à faifir cette nuance précieufe qui ne peut que flatter & furprendre nos fens.

Chambre à coucher.

La chambre à coucher , à la suite des grands appartemens , ne sert souvent que de parade. Elle est trop vaste. On aime mieux occuper un endroit dont le plancher soit peu élevé , où l'on soit bien clos, & où on puisse être à soi-même. Quoi qu'il en soit, par bienséance & par usage , il faut une chambre à coucher qui réponde au reste de l'appartement , elle ne sera que de parade si l'on veut , c'est une raison de plus pour lui donner un caractere qui inspire le repos & annonce la tranquillité. Evitez donc le bruit des cours , & tout ce qui peut exciter la dissipation. C'est le palais du sommeil , tout y doit être simple & uniforme. Le jour y sera foible & adouci , tel qu'on le peint au réveil de Vénus , lorsque les graces l'avertissent du lever de l'aurore. Des rideaux de gaze tirés à la hauteur des deux tiers des croisées ne laisseront qu'autant de lumiere qu'il en convient à ce lieu. Les ombres n'y doivent cependant pas être trop fortes. L'Artiste qui se mêle du décore doit avoir pour principe que , plus la lumiere est vive & forte ,

plus les ombres font fenfibles. La lumiere &
les ombres influent fur le caractere des lieux,
& fur les effets qui en réfultent. L'arrangement, le goût des meubles concourent auffi
aux mêmes fins. A cet effet le lit fera placé dans
le fond de la piece au milieu de fa largeur, &
en général en face des cróifées. La cheminée
partagera en deux la partie latérale d'après
le lit, autrement elle en feroit trop près, &
de plus la fymétrie feroit dérangée ; un reffaut
ou une portion de cercle défigne la profondeur que doit occuper le lit, & dans ce cas
tout fe trouve dans l'ordre & bien décoré.

La glace au-deffus de la cheminée, ainfi
que celle qui eft vis-à-vis, & au-deffous de
laquelle il y aura une de ces commodes qu'on
nomme à la Régence, feront de mêmes dimenfions, & auront les mêmes ornemens.
La piece pourra être tendue foit en tapifferie, foit en damas, le tout encadré de bordures dorées. Les compartimens tant de droite
que de gauche feront femblables. Un enfemble
tranquille & peu tourmenté doit faire fentir
la nature du lieu, ainfi que nous l'avons dit ;
on lui donnera la proportion Ionique : la
moyenne

moyenne proportionnelle que cet Ordre
tient avec les autres , convient pour produire
ces effets. Les meubles concourent au caractere général , & ils y contribuent plus
qu'on ne pense : aussi leur dessein '& leur
ordonnance seront décidés par l'Artiste qui
a donné l'ensemble de la décoration , & non
par le Tapissier qui ne doit qu'exécuter. Les
proportions , les formes , le choix des couleurs seront donc soumis à l'Architecte. Il
n'arrive que trop souvent que le Tapissier
décide de tout l'ameublement , il le fait sans
égard aux principes que nous indiquons , son
intérêt seul le guide , & l'accord de tout ce
qui doit tendre aux effets est manqué ; c'est
donc à l'Artiste à entrer dans ces détails , à
ordonner l'exécution ; lui seul a la con-
noissance du projet qu'il veut remplir ; lui
seul peut employer tous les moyens qui con-
duisent au même but , à cet ensemble qui
donne le caractere & produit les sensations
qui y sont relatives.

On choisira par préférence la couleur verte
pour tenture d'une chambre à coucher: cela
tient du feuillage , le sommeil semble y ac-

H

quérir des douceurs. Le verd eft favorable par fon uniformité, & l'égalité de fa nuance peut contribuer à l'impreffion douce & tranquille qui convient au repos. Les moulures d'encadremens feront dorées, mais les profils en feront fimples, ils porteront peu de reliefs & prefque point d'ornement. On peut admettre quelques tableaux placés avec goût, un trop grand nombre nuiroit au repos.

La chambre à coucher eft, comme nous l'avons déjà dit, l'afyle du fommeil. Les lits peuvent avoir des formes agréables. Ceux qu'on appelle *à la Polonnoife* rempliffent cette idée par leur élégance, leur enfemble pyramidal, leur couronnement en dôme; les panaches & les plumes qui les terminent produifent un effet agréable, mais il faut favoir proportionner ces ornemens au refte de la piece, & les compofer d'une maniere analogue & relative à l'état & à l'âge des perfonnes à qui ils font deftinés.

Les alcoves font peu en ufage aujourd'hui, non-feulement elles font incommodes pour le fervice fur-tout lorfqu'on eft malade, mais encore l'air n'y circule pas affez; & comme on ne peut que difficilement y développer des lits élégans & somptueux, le goût, le luxe & la santé ont concouru à les abolir.

Les lits en niche avoient moins d'inconvéniens; mais on n'y trouvoit pas encore toutes les commodités nécessaires ; les garderobes qu'on plaçoit pour l'ordinaire de droite & de gauche s'accordoient mal avec la magnificence d'un lieu de parade, aussi ces distributions sont-elles proscrites & renvoyées pour les petits appartemens de peu d'importance.

On doit donc en général préférer un lit isolé, placé, ainsi que nous l'avons observé, dans le fond de la piece & comme dans le sanctuaire du temple : au surplus, c'est de sa richesse, c'est de sa magnificence que toute la piece doit prendre son ton de décore. Mais encore une fois, que l'on prenne garde à l'excès d'ornement qui paroît s'éloigner du caractere relatif à une chambre à coucher.

Il suit une piece à peu près semblable & non moins intéressante ; c'est le boudoir.

H 2

Boudoir.

Le boudoir eſt regardé comme le ſéjour de la volupté ; c'eſt là qu'elle ſemble méditer ſes projets, ou ſe livrer à ſes penchans. D'après ces idées qui tiennent à nos mœurs, quelle attention ne doit-on pas apporter pour en faire l'endroit le plus agréable ? Il eſt eſſentiel que tout y ſoit traité dans un genre où on voie régner le luxe, la molleſſe & le goût. Les proportions de l'Ordre Corinthien ſont élégantes, elles lui conviennent. Donnez à cette piece un ton de dignité & de prétention, c'eſt une petite maîtreſſe à parer. L'air de galanterie dont on ne peut s'écarter, exige que les maſſes ſoient légeres & cadencées, les formes peu prononcées. On ne peut trop éviter les ombres dures & crues, que pourroient produire des lumieres trop vives. Il faut un jour myſtérieux, & on l'aura par le moyen de gazes placées avec art ſur partie des croiſés.

Les percés, les répétitions ne doivent pas être ménagés dans cette piece, les glaces les produiront ; mais obſervez qu'elles ne faſſent pas la partie principale de l'emmeublement.

Leur multiplicité donne un caractere triste &
monotone. Elles doivent être distribuées de
maniere qu'entre chacune il y ait au moins
deux fois autant d'espace sans glace qu'avec
glace : ces intervalles qui laissent du repos
peuvent être ornés de belles & riches étoffes,
en plaçant dans chaque encadrement un tableau artistement suspendu avec de gros glands
& des cordons de soie tressés d'or. Les sujets
du tableau seront puisés dans les endroits ga-
lans & agréables de la fable. Le triomphe
d'Amphitrite, Psyché & l'Amour, Vénus &
Mars offriront des compositions convenables
au caractere du lieu. Tout y doit être commode, & tout y doit plaire. Il faut, relativement aux dimensions, que les détails faits
pour être vus de près, satisfassent par un
bel accord. Les jouissances rapprochées
y deviennent en quelque sorte l'objet principal.

Joignons au boudoir des garderobes particulieres artistement pratiquées & bien appro-
priées.

Si les croisées sont à l'Orient, le jour y
sera plus doux ; elles doivent avoir, autant

H 3

qu'il sera possible, des points de vue favorables, &, au défaut de la belle nature, ayez recours à l'Art : c'est dans ce cas où le goût & le génie doivent se déployer ; il faut tout mettre en œuvre, employer la magie de la peinture & de la perspective pour créer des illusions. Si l'on peut se procurer le point de vue d'un jardin particulier, les berceaux, les treillages, les volieres y feront un bon effet. Le ramage des oiseaux, une cascade ingénieusement pratiquée, dont les eaux enchantent les yeux & les oreilles, semblent appeller l'Amour. Souvent aussi un doux sommeil s'empare alors de nos sens, & des songes legers rendent notre ame errante. Différentes statues distraient agréablement par les sujets qu'elles représentent. Des orangers, des myrthes dans des vases de choix flattent & la vue & l'odorat. Le chevrefeuil, le jasmin en forme de guirlandes couronnent le Dieu qu'on révere à Paphos. Une variété bien assortie présente l'intéressant tableau de la belle nature. C'est ici que l'ame jouit d'elle-même, ses sensations tiennent de l'extase ; c'est la retraite de Flore qui, parée des plus vives couleurs, attend en secret les

careffés de Zéphire. La beauté , la douceur
du printemps y régneront toujours. Entrete-
nez-y donc la fraîcheur des arbuftes & des
fleurs ; renouvellez-les fuivant les faifons , il
ne faut que du foin. Le grand jardin , la ferre
même viennent au fecours.

Le boudoir ne feroit pas moins délicieux ,
fi la partie enfoncée où fe place le lit étoit
garnie de glaces dont les joints feroient recouverts par des troncs d'arbres fculptés ,
maffés , feuillés avec art & peints , tels que
la nature les donne. La répétition formeroit
un quinconce qui fe trouveroit multiplié dans
les glaces. Les bougies produifant une lumiere
graduée , au moyen des gazes plus ou moins
tendues , ajouteroient à l'effet de l'optique.
On pourroit fe croire dans un bofquet ; des
ftatues peintes & placées à propos ajouteroient à l'agrément & à l'illufion.

Continuons à parcourir les détails. La
cheminée peut être ornée de bronzes dorés
d'un deffin léger , & dont la bafe fera un
marbre blanc veiné. Tous les autres marbres
doivent être de cette couleur qui contribue
à l'air de fraîcheur , de décore & de magnifi-

H 4

cence qu'on doit apporter dans ce lieu.

En face de la croisée ou de la cheminée, un renfoncement en niche est nécessaire pour placer un lit de repos, ou une ottomane ; cette niche doit être décorée de glaces dans tout son pourtour, & même dans son plafond.

Une alcove, ou plutôt un renfoncement de dix à douze pieds de profondeur, dont les jours seroient bien ménagés, pourroit d'autant mieux réussir, qu'il ajouteroit à l'air de mystere. Des glaces dans le pourtour, une coupole proportionnée au milieu du plafond, le lit au-dessous aplomb & isolé de toutes parts, rangé à la Polonoise, produiroient un effet agréable.

La couleur des meubles & celle de la tenture ne sont pas indifférentes pour décider le caractere qu'on peut désirer. Le rouge est trop dur ; le jaune donneroit un reflet désagréable. Le verd y paroîtroit trop sérieux ; le blanc & le bleu sont les seules teintes que l'on puisse admettre.

Les meubles, les encadremens des glaces & des tentures doivent être dorés & sculptés ; la corniche qui couronne la piece est suscep-

tible de cette même richeffe ; mais on obfervera que la fculpture foit légere , & qu'à l'é-
gard de la dorure elle ne foit pas prodiguée
avec excès ; il faut qu'elle ne foit appliquée
que fur les ornemens , fur quelques filets , &
que le tout ne foit que rechampi & rehauffé
d'or fur un beau fond blanc. En effet , la légéreté eft le caractere d'agrément de cette
piece qui tient à la frivolité.

On fent , d'après ces principes , combien
les profils en général doivent être peu prononcés , fans être trop mols ; il ne faut pas tomber dans un vice , en voulant éviter un défaut.

Le plafond peut repréfenter un ciel azuré ,
peu de nuages ; une couple de colombes qui
fembleroient planer dans les airs , & chercher
à rejoindre le char de Vénus , fuffiront pour
l'animer.

Le lambris d'appui fera en blanc , & les
moulures dorées & fculptées comme dans le
refte de la piece.

Le parquet fera à compartimens ou en ébé-
nifterie , & l'hiver un beau tapis le couvrira.

On ne peut apporter trop de foin dans la
décoration de ce genre ; les maffes peuvent

varier ; mais on doit toujours avoir pour principe de ne pas s'écarter des plans circulaires. Cette forme convient au caractere du lieu , elle est confacrée à Vénus. En effet confidérons une belle femme. Les contours en font doux & bien arrondis , les mufcles peu prononcés ; il regne dans l'enfemble un fuave fimple & naturel , dont nous reconnoiffons mieux l'effet que nous ne pouvons l'exprimer , qui provient d'un développement tendre , naiffant & femblant annoncer la nature dans fon berceau. Nous ne pouvons donner un meilleur exemple. Telles font donc les idées fur lefquelles on peut fe guider , & ajoutons qu'il faut de la légéreté dans l'enfemble & des graces dans le tout.

Qu'on fe garde bien d'employer des glaces ceintrées fur plan , elles rendroient les objets difformes & allongés en raifon du plus ou du moins de ceintré.

Nous devons auffi obferver qu'on ne peut apporter trop d'attention à la pureté, à la couleur & à la pofé des glaces. La moindre petite bube , la moindre rayure , le plus léger défaut les doit faire rebuter.

Il feroit ridicule qu'une nymphe, qui voudroit confulter les charmes de fa beauté , ne rencontrât , au lieu d'une forme réguliere , qu'une figure écrafée & de travers. La pofe feule des glaces peut quelquefois occafionner ces inconvéniens. En effet , celles qui ne font pas bien paralleles , d'équerre ou d'aplomb , y donnent lieu. Le remede eft aifé , mais il n'en eft pas de même lorfque les glaces d'un même parquet ne font pas d'une même épaiffeur & d'une même couleur. Ces défauts font effentiels , il ne faut pas les fouffrir ; changez les glaces , autrement la vue eft fatiguée ; & pour me fervir du terme précieux des petites maîtreffes, elle eft excédée. En effet , le vifage & tous les objets qui réfléchiffent dans la glace , femblent brifés & tranchés de deux teintes , ce qui occafionne le difparat le plus défagréable : on n'a pas un boudoir pour y éprouver pareille contrariété.

Cette retraite délicieufe ne doit occafionner que des émotions douces ; porter la férénité dans l'ame , la volupté dans tous les fens. Il faut tendre au dernier degré de perfection, & que le defir foit fatisfait, fans donner atteinte à la jouiffance.

Glaces.

Puisque nous sommes sur la qualité des glaces, il est bon d'observer qu'il y en a peu de parfaites ; le choix qu'on en doit faire mérite la plus grande attention. Les plus pures, les plus nettes sont celles que l'on place à portée de la vue, elles doivent être de grandeur suffisante pour qu'on puisse s'y voir en entier. Si on ajoute au-dessus un second morceau, il faut, comme je viens de le dire, qu'il soit de même couleur & de même épaisseur que la glace qu'il couronne, & c'est dans ce morceau, qui doit être le tiers de celui de dessous qu'on peut supporter quelques défauts, si toutesfois on ne peut faire autrement. Jamais dans un même parquet les glaces ne doivent varier sur ces deux qualités de couleur & d'épaisseur. Le défaut en est trop sensible & devient insupportable. Il y a beaucoup d'art dans la maniere de les poser. Une glace un peu plus ou un peu moins inclinée, cache souvent des défauts dont on ne s'apperçoit qu'avec peine, & qu'on ne voit qu'en regardant de côté ; souvent même ils sont effacés tout-à-fait. Le défaut des glaces entre deux

croisées à faux jour ne s'apperçoit que très-
difficilement. C'est aussi dans cet endroit où
l'on met les moins belles , & où les Miroitiers
ont grand soin de placer les défectueuses ,
dans l'espérance qu'on ne les rebutera pas. Si
on n'y prend garde on est trompé ; les Marchands , nonobstant la remise ordinaire du
pouce de hauteur & de largeur , ont aussi des
remises relatives aux défauts ; on trouve certaines glaces où il y a plus d'un tiers de déduc-
tion ; la plupart des Marchands en prennent ,
leur grand art est de les passer comme bonnes
& sans défaut. Mais faites-y attention. Si on
venoit à les céder , ou à les échanger pour
d'autres , on y perdroit plus de moitié. Un
Architecte attentif ne peut donc être trop exact
& trop sévere sur un examen semblable. Son
devoir l'exige , & dans ce cas s'il y a quelques
endroits dans un appartement où les défauts &
les vices des glaces peuvent se passer , ce n'est
pas le Marchand qui doit en profiter , c'est le
propriétaire, puisque toute glace a sa valeur in-
trinseque , & qu'en conséquence des défauts
il y a d'après le tarif des remises par la ma-
nufacture.

Qu'on me pardonne cette digreſſion qui eſt un objet d'économie & non pas de décore.

Paſſons au cabinet de toilette : tous les mo‑mens ſont précieux pour les belles , elles ſa‑vent diſtribuer leur tems ; les minutes chez elles ſont comptées & toutes marquées au coin du plaiſir.

Cabinet de toilette.

Le cabinet de toilette eſt l'endroit où les graces tiennent conſeil ; elles ſont ſimples , ingénues : leur plus grand charme ſe puiſe dans la nature ; c'eſt d'après cette idée , c'eſt d'après le caractere des graces que leur ca‑binet doit être formé. Elles ſont d'une taille légere , ſvelte , ni trop grandes , ni trop pe‑tites. Leur ſéjour doit leur être relatif. Sa pro‑portion ſera ionique , elle tient la moyenne proportionnelle entre l'Ordre Dorique & l'Ordre Corinthien.

Le cabinet de toilette eſt de la nature des petits appartemens.

En général douze pieds de large ſur quinze à ſeize pieds de long, neuf de haut , ſont les proportions les plus convenables. Cet endroit

doit être parqueté, le plafond avec corniche;
mais toutefois si la corniche est taillée d'ornemens, il faut que ce soit avec ménagement,
avec légéreté, avec goût.

Tout le cabinet sera lambrissé de hauteur;
les panneaux auront une belle forme, ils seront bien compassés & placés avec symétrie.

Evitons ce qui est fastueux, la magnificence contrarie, fait fuir les graces, elles ne
se plaisent que dans la noble simplicité.

Ecartons les angles aigus dans la forme de
cette piece ; il est très-avantageux d'y faire
des pans dans lesquels on mettra des glaces ;
des portions circulaires y réussissent très-bien,
& les lambris, en ce cas, peuvent avoir ces
formes au lieu de pans, mais alors les glaces
se placent dans un renfoncement dont le plan
est quarré : comme en général les pans sont
petits, ces renfoncemens ne sont pas désagréables, ils ont l'avantage d'adoucir l'ensemble de la piece. Si l'on se plaint d'une épaisseur qui peut paroître dans la glace, qu'on
y peigne une moitié de mosaïque ; par le
moyen de la répétition, elle paroîtra entiere
& fera un bel effet. On s'applaudira de ce

moyen , lorfqu'on jettera les yeux fur le plafond , qu'on verra les angles s'en effacer ,
être moins profonds. Les portes , les cheminées doivent être placées de maniere
qu'elles ne puiffent nuire à la pofition de la
toilette qui doit être éclairée du côté du Levant. Il feroit incommode que la toilette fe
plaçât à l'enfilade des portes. Pour être dans
la fituation naturelle : il faut qu'elle foit à un
jour favorable ; il ne feroit pas dans l'ordre
que , par fuite de cette même néceffité de
jour , elle fe trouvât trop près de la cheminée ; le feu pourroit incommoder , il eft in-
compatible avec les odeurs & les pommades.
Il faut donc entrer par le fond du cabinet ,
non pas en face de la croifée ; une glace y
convient mieux , d'autant que les objets font
réfléchis dans le miroir de la toilette , & qu'il
n'eft point indifférent de voir arriver ceux
qui viennent nous rendre hommage. La porte
doit donc être dans un des côtés.

Le chambranle de cheminée fera de marbre blanc veiné , les confoles en feront ar-
rondies fur le plan , & la tablette en fuivra
le contour : la traverfe ne peut être pofée

trop

trop bas , on se verra d'autant mieux dans la
glace qui est au-dessus , qu'il doit y en avoir
une autre vis-à-vis. Ces répétitions sont nécessaires aussi pour qu'on puisse se voir de
tous côtés.

Cette piece sera parquetée & décorée d'un
lambris de hauteur , peint en blanc , ou de
deux gris fort clairs ; il en sera de même pour
les parquets de glaces & pour leurs bordures , à l'exception cependant qu'on dorera la
seule moulure qui encadrera la glace. Ce peu
de dorure détruira en partie la trop grande
uniformité qui pourroit jetter une teinte de
mélancolie. La toilette établit une sorte de
contrainte qu'il convi... d'adoucir. On mettra à cet effet dans chaque panneau de lambris, une estampe d'un sujet agréable ; qui sera
renfermée dans un cadre doré dont les moulures seront méplates & sans sculpture à cause
de la poussiere. Ces estampes donneront du
jeu à la piece & l'égaieront. La corniche sera
d'un profil simple , léger & peu prononcé ,
ainsi que celui des lambris.

On doit mettre des fleurs dans différens
vases & dans différentes places ; sans craindre

d'en trop charger la cheminée. Il seroit agréable de pratiquer dans les angles de petites gaînes portant des vases artistement dessinés. On y placeroit des fleurs qui annonceroient d'autant plus de fraîcheur, qu'elle auroient le bas de leur tige dans l'eau. Ces vases peuvent être de cuivre peints en lapis lasuli & leurs ornemens dorés.

Les ferrures des portes & des croisées réussiront mieux étant polies & vernies, que si elles étoient dorées en plein : les cordons de sonnettes tressés formeront des guirlandes, dont le blanc & le bleu feront la base.

Tel est l'ensemble d'un cabinet de toilette, en observant qu'il est essentiel que la propreté & la galanterie en fassent les principaux ornemens, & que le tout annonce cette fraîcheur précieuse dont on doit jouir pour l'ordinaire en sortant de ce lieu.

Garderobe pour les Hardes.

La garderobe, pour placer les hardes & les ajustemens avoisinera le cabinet de toilette, au moins ne doit-elle pas en être éloignée. Ce lieu sera garni de grandes armoires bien fermantes , dans lefquelles il y aura des tablettes & porte-manteaux. Son expofition , pour être avantageufe , fera au Nord. Le jour en eft égal , les étoffes y font moins fatiguées , les plumes & les fourures s'y confervent mieux : les infeétes fuient cet afpeét du ciel. Il ne faut pas de cheminée , la fumée pourroit nuire & pénétrer à travers les armoires toutes bien fermées qu'elles pourroient être. Cette piece fera avec carreaux de pierre de liais , le parquet y convient moins , parce que la vermine peut y trouver des retraites. On ne donnera pas à cet endroit trop de hauteur de plancher , neuf pieds fuffifent ; il fera plafoné , & fi l'on met une corniche , elle fervira de couronnement aux armoires. On placera au milieu de cette piece une grande table couverte d'un tapis , d'où l'on pourra déployer les robes & les autres objets dont on a befoin. Si l'on y met quelques chaifes, il ne les faut pas d'étoffes , à caufe des infeétes , elles feront feulement garnies de paille ou de cannes , les premieres valent mieux , fur-tout fi les futs font enbois d'acacia.

On s'occupera de la lingerie , en parlant de l'endroit deftiné aux femmes de chambre.

I 2

Garderobe de propreté.

Cette piece ne doit pas être éloignée de la chambre à coucher & du cabinet de toilette ; elle fera carrelée en pierre de liais , & plafonée avec corniche , fi l'on veut. On placera des tablettes dans les angles pour pofer différens vafes de propreté , des pots-pourris & des eaux de fenteur. Il doit auffi y avoir de petites armoires en banquettes , ou prifes dans l'épaiffeur des murs , pour ferrer différens objets qu'entraînent les fuites & les acceffoires du lieu.

A l'égard d'une chaife percée , on la met dans une niche faite exprès , & qui , pour l'ordinaire , fe trouve au milieu d'une des parties latérales.

Cette garderobe peut être échauffée par les tuyaux de chaleur d'un poële voifin. Quant à fon jour , il doit fe tirer du côté du Nord ; quelquefois on eft obligé de fe contenter du jour d'un deffus de porte , mais c'eft lorfqu'on ne peut faire autrement. Au furplus , il faut ménager une porte de dégagement, pour que le fervice ne fe faffe pas par les pieces princi-

pales de l'appartement ; on peint le tout en
blanc ou en grifaille : quoique de peu de conféquence, ces pieces cependant demandent
de l'intelligence pour être difpofées convena-
blement aux avantages qu'on en peut tirer.
Rien n'y doit être négligé : le moindre coin
doit avoir fon ufage, foit pour placer des ferviettes, foit pour pofer une petite fontaine,
avec une coquille en marbre, ou une cuvette
pour recevoir l'eau qui tombe lorfqu'on fe lave
les mains, & qui pour l'ordinaire va fe perdre
par une petite décharge qui la conduit ou
dans un puifard ou au-dehors. Arrangez artiftement ce lieu, mais confidérez toujours qu'il
ait rapport avec le refte de l'appartement ;
quand une garderobe eft jolie, on ne fuppofe
pas que les autres pieces foient négligées.

Cabinet à l'Angloife.

Cette piece tient beaucoup de la garderobe de propreté, elle fert à-peu-près aux
mêmes ufages, qui cependant ne font pas fi
généraux. On la nomme cabinet à l'Angloife,
parce que c'eft des Anglois qu'elle nous eft
venue. Les cuvettes font des auges de mar-

bre, où se reçoit la matiere qui est bientôt
chassée lorsqu'on a levé la bonde portant
soupape, & qu'on a tourné le robinet qui
donne de l'eau en abondance, & emporte
ce qui se trouve dans la cuvette ; la bonde
se replace & ferme assez hermétiquement
pour que l'odeur ne puisse pas pénétrer ; on
a même le soin de la charger d'un peu d'eau,
afin que la vapeur ne puisse s'échapper. Il y
a encore de petits conduits d'où l'on fait
jaillir l'eau lorsqu'on veut se laver, usage qui
réunit la propreté & la salubrité. On place
pour l'ordinaire un réservoir dans l'entresol
au-dessus. La délicatesse y fait pratiquer un
cilindre avec du feu, afin que dans l'hiver
l'eau ne soit pas trop froide. On tire aussi de
ce réservoir de l'eau pour former une petite
fontaine à laver les mains, & qui se perd par
un tuyau de décharge. Il est facile d'arranger
cet endroit avec art. Le siege ne doit jamais
être placé en face de la porte, mais à droite
ou à gauche. Ordinairement il est dans une
niche quarrée en son plan, & de chaque côté
sont des tablettes pour poser les linges blancs.
A la hauteur du siege il y a une petite armoire

pour jetter le linge sale du jour. Les bâtis ,
dans lesquels se posent les petites tablettes
pour les linges & les eaux de senteur , se terminent ordinairement par un amortissement
couronné d'un vase rempli de parfums & d'o-
deurs ; cette piece est carrelée en pierre de
liais , souvent même en marbre ; elle est plafonée avec corniche , il est inutile d'y pro-
diguer des ornemens. Le lambris doit être
simple & bien massé, faisant architecture & non
menuiserie , par le moyen de tables soit saillan-
tes soit renfoncées : car en général on doit le
peindre en marbre , le bien polir & vernir ,
cela vaut mieux que le stuc pour la solidité ,
mais à la vérité, on n'y trouve pas le même
brillant : on peut se contenter aussi de faire
cette décoration en plâtre ; cependant obser-
vez que les arrêtes ne s'en soutiennent jamais
bien vives , c'est un grand inconvénient.
Voulez-vous y parer en partie ? vous le
pouvez en laissant vos murs tous lisses ,
les peignant en décore de marbre ; par
le moyen des ombres & de la perspective , vous donnerez les différentes masses
que vous pourrez désirer. Les croisées de cet

endroit feront du côté du Nord, afin que l'odeur faffe moins d'impreffion ; la fermentation de la matiere eft moins provoquée par le froid que par le chaud.

Mais, encore une fois, que dans cette piece on ne rencontre pas une élégance qui feroit étrangere au refte de l'édifice ; il faut l'accord des différentes parties avec le tout, fans quoi point d'architecture.

Bains.

Les bains exigent différentes pieces, ils demandent une antichambre, une falle deftinée aux baignoires, une étuve, une petite chambre à coucher, & quelques garderobes particulieres.

Antichambre des bains.

Cette antichambre eft à la fuite d'un corridor, & conduit au cabinet des bains, à celui à l'Angloife, à quelques garderobes pour fervir de dégagement, à l'efcalier d'entrefol qui eft au-deffus, où fe place le réfervoir, & où fe pratique le logement des femmes de chambre.

On carrele cette piece en pierre de liais, on la plafone avec corniche, en général elle eſt lambriſſée de hauteur, & doit être peinte en griſaille : l'expoſition du jour lui eſt indifférente.

Il y aura un poële, & c'eſt pour l'ordinaire de cet endroit d'où prennent tous les tuyaux de chaleur pour les garderobes, cabinet à l'Angloiſe & bains.

Cabinet des bains.

Diane deſcend à ſes bains. C'eſt ici qu'on doit chercher à l'égayer par la forme du lieu, par ſon arrangement, par ſon enſemble. La proportion en doit être Corinthienne ; cette piece demande de l'élégance & de la légéreté, il faut donner du jeu dans ſon plan ; le jour doit être beau, ſans y être multiplié par le nombre des croiſées ; une peut ſuffire : elle ſera en face de la baignoire : ſon aſpect, autant qu'il eſt poſſible ; ſera vers l'Orient, & donnera ſur le percé d'une allée terminée par un boſquet, où l'Art déploiera ce qu'il y a de plus galant. Le déſœuvrement qu'on éprouve dans le bain, exige des objets de diſſipation. Les idées ſont triſtes, il faut les égayer.

La baignoire ſera donc placée, comme nous avons dit, de maniere à profiter d'un point de vue agréable. Si les gazes ſemblent défendre l'entrée d'un jour indiſcret, c'eſt à l'Art, c'eſt au goût à les ſoulever.

On ne doit pas poſer la baignoire entiérement ſur le carreau, on auroit trop de peine à y entrer : il faut qu'elle ſoit enfoncée de maniere qu'elle excede au plus de huit à neuf pouces le niveau du plancher, ce qui rend l'accès plus commode, & fait éviter le danger qu'on peut eſſuyer en entrant au bain. Peut-être auſſi pourroit-on déſirer que cette même baignoire fût placée au milieu de la piece plutôt que dans une niche, le ſervice en ſeroit plus aiſé, & on auroit l'avantage de voir autour de ſoi. Il faut au moins trois glaces, une en face de la croiſée, une autre au-deſſus de la cheminée, & la troiſieme vis-à-vis de cette derniere. On fera deſcendre ces glaces le plus bas poſſible, afin qu'on puiſſe s'y appercevoir de toutes parts ; la cheminée doit elle-même être élevée au plus à quinze pouces du deſſous du manteau , & avoir deux pieds & un quart de largeur entre jambages ; le marbre blanc veiné eſt celui qui convient le mieux pour le chambranle ainſi que pour le carreau.

Toute la piece au ſurplus doit être en fond de marbre pareil : elle pourroit auſſi être peinte en berceau de treillage , de façon qu'étant au bain , on ſe trouveroit entouré de jaſmin & de chevrefeuil ; il ſeroit aiſé de pratiquer dans les pans quelques petites caſcades qui ſe répéteroient par les glaces , & qui, par leur murmure, rendroient ce lieu plus agréable.

La forme de ce cabinet peut être octogone , & le plafond peint en ciel , ce qui formeroit une calotte azurée au-deſſus du berceau dont nous avons parlé ; quelques oiſeaux qui ſembleroient planer dans l'air , pourroient animer cette décoration. Veut-on donner un enſemble plus vivant , il ſeroit à propos de pratiquer une voliere peu élevée & de toute la largeur de la croiſée ; le mouvement des oiſeaux & leur ramage contribueroient à diſſiper l'ennui du bain. Dans le cas où on voudroit être abſolument tranquille , on pla-

ceroit au-deſſus de la baignoire un baldaquin
ou plutôt un lit à la Polonnoiſe , pour ſou-
tenir des rideaux d'une blancheur qui efface-
roit celle de la neige. Mais *Diane* parcourt
quelquefois les forêts. Sa peau peut être altérée par l'ardeur du Soleil. Dans ce cas, des
rideaux d'un fond bleu réuſſiroient mieux ; tout
doit être prévu : ce qui convient à une blonde
n'a pas le même avantage pour une brune.

La baie d'entrée doit être fermée de deux
portes , on les diſpoſera de maniere que l'une
ſoit cloſe quand l'autre s'ouvre. Encore une
fois c'eſt *Diane* qui eſt au bain , il ne faut pas
qu'un *Actéon* puiſſe l'y ſurprendre.

En fait de décoration on pourroit aller plus
loin , & ce feroit donner le caractere propre
à la choſe. Pourquoi ne repréſenteroit-on
pas une grotte digne d'*Amphitrite* , en y faiſant briller les richeſſes de la mer ? Pourquoi
ne pas former l'intérieur d'une des ſalles du
palais de Neptune ? Que de choſes intéreſ-
ſantes pourroient s'y réunir ! Les glaces placées à propos répéteroient des groupes de
colonnes qui feroient la baſe de la décoration.
La magnificence des beaux & riches percés

occafionneroit le plus grand effet. L'ame
fe trouveroit portée à une fenfation délicieufe.

Le char du Souverain des mers pourroit
fervir de baignoire ; il feroit attelé de chevaux marins qui lanceroient par les narines
des jets formant des ruiffeaux que l'on verroit couler à travers les rochers , & dont
l'onde argentine flatteroit agréab¹ement la
vue ; on fe croiroit au milieu des mers. Au
refte la baignoire n'en feroit pas moins fervie
par des robinets d'eau chaude & d'eau froide,
ainfi qu'il eft d'ufage:

Voulons-nous enrichir cette compofition ?
Joignons y , comme nous l'avons dit , le ramage de différens oifeaux , nous l'animons,
nous lui donnons la vie. Mettons au-devant &
au-dehors d'une partie des percés quelques
volieres, plantons-y des arbres ; plaçons-en
d'artificiels à caufe de l'hiver; faifons-y régner
l'illufion ; préparons l'avant-fcene par des
maffes de terraffes , des herbes aquatiques &
différens coquillages répandus fur les berges.
Au défaut de la nature, les gazes argentées
peuvent remplacer le cryftal des eaux ; on en

imitera le murmure par quelque fecours étranger. Ménageons toute la magie de l'optique ;
c'eft dans ce cas où l'Artifte doit développer
fes talens , & faire connoître l'étendue de fon
Art. Qu'il donne l'effor à fon imagination ,
mais furtout qu'il l'égaie. Il peut échauffer fes
idées par l'étude des tableaux & des eftampes ,
par celles de nos décorations de théâtre.

Saififfons au furplus tout ce qui peut contribuer à la facilité du fervice , & ne négli-
geons rien pour la commodité.

Des bains femblables doivent l'emporter fur
les avantages des bains de riviere ; l'ame y
jouit d'une tranquillité falutaire qui eft inap-
préciable. Le bain n'eft jamais indifférent , la
maniere de le prendre en fait les avantages :
cherchons à le rendre en même-temps, agréable & falutaire.

Regrettons qu'on n'établiffe pas en France
de bains publics , on y trouveroit le double avantage qu'ils ferviroient d'écoles pour
apprendre à nager ; c'eft une fcience utile , on
pourroit même dire effentielle. Ce feroit auffi
dans bien des circonftances un moyen de
conferver la vie , & une occafion de plus

pour l'Artiste de produire dans ce genre des distributions & des décorations d'une Architecture qui rapprocheroit du goût des Anciens, & mettroit nos Arts en rivalité avec ceux des Grecs & des Romains.

Si on avoit pour projet d'imiter les bains de *Diane*, il s'offriroit d'autres compositions non moins agréables. On pourroit supposer & feindre une espece de taillis formé par différens arbres, soit toujours verds, soit odoriférans, entremêlés de groupes de rosiers, de chevrefeuils, de myrthes, d'orangers, dont les caisses seroient en partie cachées par différentes plantes dans des vases peu élevés.

Quelles idées dans de semblables compositions la fable ne nous produira-t-elle pas, si nous voulons nous y prêter, & nous laisser aller à une imagination sage & raisonnée ! C'est le palais des Dieux ; ce sont leurs habitations à décorer, il s'agit de les soumettre à nos usages.

Nous ne parlerons pas des bains des anciens pour en faire un parallele avec les nôtres ; ils étoient superbes, mais ils étoient publics , & leur genre ne peut cadrer avec nos mœurs qui entraînent après elles la plus grande fenfualité & la délicateffe la plus recherchée.

Nous ne dirons rien de la maniere des Turcs ; pour fuppléer aux bains d'eau , ce font des étuves qui forcent à la fueur ; mais une pareille méthode ne pourroit qu'être préjudiciable dans nos climats ; on a d'autres moyens d'exciter la tranfpiration.

Il y a auffi des bains de vapeurs ; ces objets regardent la Médecine. Nous parlons de la décoration des bains , elle feule nous intéreffe.

Etuve.

L'entrée de l'étuve fe placera attenant la falle des bains , elle doit être fermée , ainfi que le cabinet des bains , d'une double porte, & être clofe de toutes parts. L'endroit ne doit pas être grand , il faut qu'il foit pavé d'une feule dalle recreufée , de maniere que l'eau qui tombe puiffe s'écouler au-dehors par le moyen d'un tuyau de conduite avec foupape. La lumiere ne doit partir que d'une baie en

forme

forme de jour de coutume. Dans le fond de
la piece il faut une petite auge, dans laquelle
tombera l'eau de deux robinets, un d'eau
chaude & un d'eau froide. On pratiquera
quelques tablettes de marbre, dans les angles,
pour y placer les linges, les parfums & les
eaux de senteur. Il y aura aussi une petite table
pour la facilité du service & du travail, elle
doit être placée dans une niche, afin de
ne rien prendre sur la piece. Le fond de cette
niche, qui sera quarrée sur son plan & en
face de la croisée, peut renfermer une glace
dans une bordure non dorée, d'un profil léger,
sans sculpture. Le pourtour des murs doit être
peint en marbre avec panneaux & compartimens d'Architecture. Il faut que le socle soit
en rapport de vrai marbre & en recouvrement
sur la dalle servant de pavé, autrement le tout
seroit détruit en peu de tems par l'eau qu'on
y jette avec abondance ; ce lieu sera échauffé
par des tuyaux de chaleur qui seront d'autant
plus aisés à pratiquer, qu'ils prendront leur
origine du poële de l'antichambre voisine. Ob-
servez à cette occasion que jamais la chaleur
conduite par un tuyau ne redescend ; le ress

K

faut, de moins d'un pouce en contrebas, lui feroit perdre toute son action : il faut donc que les tuyaux de chaleur soient posés en ligne inclinée au-dessus de l'horisontale. Il est essentiel qu'il y ait au moins deux pouces par toise , le plus ne seroit que mieux ; souvent on manque de chaleur par défaut de cette attention, ou par ignorance de ce principe , qui est tout le contraire de celui des fluides.

Chambre à coucher des bains.

Cette chambre sera très-simple, peu étendue , & aura un jour très-modéré. L'aspect du couchant lui convient ; c'est ici que des rideaux de gaze sont nécessaires ; leur effet est de former ce demi jour utile & favorable au sommeil.

Il ne faut dans cette piece que de la propreté , rien de frivole , point d'ornemens : il suffit d'un lambris de hauteur peint en petit gris très-clair , la cheminée en marbre blanc, le lit de même couleur, avec une petite bordure au plus, où le bleu dominera ; c'est un moyen de donner à l'ensemble l'air de simplicité &

de fraîcheur qui lui eſt propre. Une alcove en niche convient pour cet endroit, il ſemble que le repos y regne davantage. D'ailleurs on formera de chaque côté une garderobe, à moins qu'on n'en ait de particulieres ; elles ſont eſſentielles pour le bon ordre ; le repos en ſera moins interrompu, & les domeſtiques de ſervice plus à leur aiſe.

Cette chambre ſera parquetée & plafonée avec une corniche, d'un profil peu chargé de moulures, de ſorte que le tout ſemble être fait exprès pour ne pas fixer l'attention. Une prétention recherchée, trop de richeſſe, trop d'arrangement pourroient diſſiper les douces vapeurs de Morphée. Ecartons tout objet de diſſipation, reſpectons le ſommeil & cherchons à le fixer dans des inſtans auſſi précieux. Donnez à ce lieu une proportion Toſcane, le caractere ſérieux lui convient. Ne craignez pas d'y placer quelques glaces, elles imitent une belle piece d'eau, dont la tranquillité ſemble appeller & fixer le ſommeil; dans tout l'enſemble faites régner la monotonie, elle engourdit & captive les ſens ; elle fait bâiller, on s'endort.

K 2

Garderobe des bains.

Ces garderobes particulieres servent à placer tous les accessoires relatifs à la salle des bains, on y met les robes & linges pendant qu'on se baigne, les gens qui servent s'y retirent lorsqu'ils sont inutiles.

Dans ce lieu particuliérement, tout doit être en place, il seroit désagréable de voir traîner des habillemens, ne négligez rien de ce qui tend à établir l'ordre, & la propreté. Ces garderobes doivent donner l'idée du plus grand arrangement.

Il y faut une cheminée pour chauffer le linge, des devantures d'armoires avec des tablettes & des porte-manteaux, une table couverte d'un tapis, quelques chaises. Cette piece sera plafonée, les carreaux seront de pierre de liais, dans tout le pourtour un lambris de hauteur, peint en petit gris, ainsi que les portes, armoires & croisées.

Garderobe de propreté.

Il doit y avoir une garderobe de propreté, nous en avons assez dit en parlant de la chambre à coucher; on peut y avoir recours.

Tels font les acceffoires de l'appartement
d'une dame , en obfervant encore , qu'au-
deffus de ces pieces,qui en général doivent être
peu élevées , on pratique comme en entrefol,
le logement des femmes de chambre ; il leur
faut à chacune deux chambres à cheminée,
& une troifieme affez grande & commune
pour le travail ordinaire , où il y ait un poële.
On peut y joindre deux autres pieces , dont
une pour une ouvriere , & l'autre pour la
fille de garderobe. Ménagez-y un efcalier qui
communique aux garderobes & à la chambre
à coucher.

Lingerie.

La lingerie ne doit pas être éloignée; c'eft
une grande piece garnie dans fon pourtour
d'armoires avec des tablettes. Au milieu de
la piece une grande table, afin d'y pofer le
linge dont on veut fe fervir, ou que l'on défire raccommoder.

Le logement de la femme de charge en
fera voifin. Il lui faut trois chambres à cheminée & une pour le travail ordinaire, dans
laquelle on placera un poële.

K 3

Mais laiſſons ces pieces dont nous ne parlons dans le moment que pour l'enſemble, n'ayant d'autre rapport à notre diſtribution, qu'en ce que chaque partie doit être relative au tout. Contentons-nous donc de dire qu'il faut leur donner, un air de propreté & d'aiſance, beaucoup de jour, des communications aiſées & des entrées faciles.

Il ne faut pas que l'intérieur des appartemens ſe reſſente du bruit & du travail de ces endroits : mais cependant leur proximité des pieces principales eſt néceſſaire pour le ſervice, il eſt eſſentiel qu'il y ait toujours une femme de chambre à portée.

L'enſemble d'un pareil appartement, eſt ordinairement deſtiné à la Maîtreſſe de la maiſon. Celui du Maître demande un genre & un caractere différent ; les profils, les maſſes en doivent être plus ſéveres, & les formes quarrées.

Si c'eſt pour un Militaire, les ornemens different entiérement de ceux qu'on emploieroit pour l'appartement d'un Magiſtrat : ici ce ſont les attributs de *Mars* ; là ce ſont ceux de *Thémis*.

Le prononcé des contours doit différer
extraordinairement entre l'un & l'autre appartement. Dans celui du Militaire tout doit
être heurté, rien de maniéré, beaucoup
de formes quarrées & peu de rondes. C'eſt
avec une main tremblante qu'on doit mêler
quelques myrthes aux lauriers qui ceignent le
front ſuperbe d'un guerrier. Pour le ſecond
au contraire, il faut que l'enſemble ſoit plus
lié, qu'il ait plus d'accord, que ſon caractere enfin ſoit de la plus noble ſimplicité. Ce
ton prévient, & tranquillife l'eſprit inquiet
des clients. Auſſi un des principes ſur lequel
nous ne pouvons trop appuyer, c'eſt que,
par l'harmonie du tout & par l'accord de l'enſemble, on connoiſſe que le cœur de celui
qu'on vient ſolliciter eſt pur, qu'il ſait diſſiper le chaos de la chicane, & réduire les
choſes à leur vrai principe. La pureté des profils contribue beaucoup à cette eſpece de
ſenſation, ainſi que la maniere d'éclairer; il
faut que le tout ſoit frappé d'un beau jour,
mais non pas trop vif.

Ce n'eſt pas un ſyſtême vague, il a ſes baſes
établies. En effet, il y a peu de perſonnes

qui, en entrant dans de certains appartemens, n'éprouvent subitement un mouvement de l'ame, tout contraire à celui avec lequel elles étoient entrées : c'est le lieu seul qui l'inspire ; l'ensemble d'un appartement porte à la confiance, de même qu'une prison excite l'horreur.

Parcourons différens genres, mais seulement relatifs aux états.

L'appartement d'un homme riche peut comporter la prodigalité & la somptuosité des ornemens & des dorures. C'est le palais de *Plautus*, la magnificence fait son caractere ; mais il faut une progression méditée, pour que les pieces les plus importantes se distinguent des autres. C'est la gradation de richesse, à mesure qu'on pénetre dans les dedans, qui fait la magie & excite la sensation. Disons donc que l'ensemble d'un pareil appartement doit ressembler d'ailleurs à peu de chose près pour l'arrangement, à celui que nous avons destiné à la Maîtresse de la maison, c'est en quelque façon le même caractere, la richesse somptueuse en fera la différence.

L'appartement d'un Grand doit être traité

avec nobleſſe & majeſté ; les belles maſſes pré-
viennent la ſenſation , les profils l'excitent ,
les ornemens la décident ; les ſuperbes percés ,
les glaces répétées , ſans être trop multipliées,
contribuent au faſte qui peut y régner ; les
titres & les rangs l'autoriſent dans nos mœurs.

Un appartement deſtiné à un homme de
la Cour ou à un homme en place , demande
des pieces vaſtes , de la grandeur dans les di-
menſions , des diſpoſitions ſimples dans les
plans , & ſur-tout des effets larges. Les petits détails doivent être ſacrifiés , les objets
meſquins bannnis , l'excès de recherche évité
avec ſoin.

L'appartement d'un Prélat doit être traité ,
à peu de choſe près , dans le goût de celui
du Magiſtrat , les attributs ſeuls qu'on fait entrer dans les ornemens doivent différer. Il eſt
inutile de dire qu'il ne faut pas de cabinet de
toilette ni de boudoir ; mais qu'il convient de
pratiquer des arrriere-cabinets , des oratoires :
ces pieces annoncent la modeſtie & excitent
au recueillement. Les jours bien ménagés ,
beaucoup d'harmonie dans les maſſes & dans
les profils produiſent auſſi ces ſenſations. Le

beau morceau de ce genre , qui se trouve au chevet de l'Eglise S. Roch , répand sur l'ame l'effet dont nous parlons , & devient un exemple précieux. En général chaque piece de l'appartement d'un Prélat doit inspirer le respect & la piété. C'est l'appartement d'un vrai Pasteur , doit-on dire , on y respire les sentimens que nous dicte notre Religion belle , pure & simple. Au surplus , si dans un tel palais on sacrifie un peu au décore , (puisque par état on est obligé de représenter) il n'y faut rien de somptueux , sur-tout dans l'ameublement; ce seroit manquer au caractere qui fait un des principes d'après lequel on doit partir ; ce seroit pécher contre la charité qui exige un emploi plus louable des revenus.

L'appartement d'un Ministre tient entiérement à celui d'un Grand : il y doit représenter son maître , il convient d'y exprimer tout à la fois l'autorité , le pouvoir , la bonne volonté , l'affabilité , le desir même de captiver les cœurs : sentimens nobles & dignes de l'humanité. On trouvera cette sensation dans la fierté des profils , dans leur belle proportion , dans leur harmonie , dans l'ensemble

des maſſes , & dans les jours bien ménagés.
Les différentes expoſitions du ſoleil ont leur
propriété pour exciter & exprimer les ſenſations. Les différentes heures du jour en doivent produire beaucoup d'autres auxquelles
on donnera un caractere par la diſpoſition des
belles maſſes ; c'eſt à l'Architecte habile à ſa-
voir en tirer parti : s'il eſt vraiment éguillonné
par la gloire , & s'il aſpire à la célébrité , il
doit étudier & ſaiſir les grands & beaux effets
de la nature , les contempler , les interroger.

C'eſt à la compoſition d'ailleurs , c'eſt au
jeu, au développement , au rapport du tout
avec ſes parties , que ces caracteres doivent
leurs traits principaux ; qu'on ſe reſſouvienne
encore que les formes ne nous ſatisfont , qu'autant que l'Art nous les préſente ſous une apparence de vérité , & que lorſque l'illuſion
n'eſt pas portée à un certain degré , il n'y
aura tout au plus que la ſurpriſe du premier
coup-d'œil , autrement l'ennui & le dégoût la
ſuivront de près. Les grands effets naiſſent de
la choſe même , & ne dépendent pas de ces
petits ornemens auxquels on donne ſouvent
trop de valeur : les formes les plus élégantes &

le plus heureusement imaginées nous touchent peu, si leur choix & leur arrangement ne produisent certaines expressions ; elles ne plaisent qu'autant qu'elles sont employées à propos. L'ensemble doit frapper d'abord par un air de magnificence ou de simplicité, de gaieté ou de tranquillité, enfin par quelque caractere général; & tous les objets qui s'éloigneront de ces caracteres, quelqu'agréables qu'ils soient, doivent en être exclus.

Il est bon d'avoir parlé du caractere relatif au genre de personnes pour lesquelles on peut bâtir, mais ce n'est pas assez ; comme il est des loix générales & des moyens particuliers pour les exprimer, passons-les en revue, ce sont des tableaux que nous avons à considérer.

Cabinets.

Nous avons exposé ce qu'il y avoit à observer pour l'appartement d'une Maîtresse de maison, nous avons parlé des antichambres, & dit que la premiere pouvoit être commune avec l'appartement du mari, nous remarquerons pour le moment, que, d'après cette premiere antichambre, les pieces pren-

nent le nom de cabinet , & qu'il en faut deux
pour précéder le cabinet principal ; ils font
ordinairement parquetés & plafonés avec corniche ; la richeffe y doit marcher par progreffion : ordinairement ces cabinets font décorés dans leur pourtour d'un lambris d'appui , & le refte eft tendu en étoffe d'une feule
couleur ornée de quelques beaux tableaux ;
quelquefois on les tend en belles tapifferies
de Beauvais : mais alors , autant qu'il eft poffible , on doit être attentif aux fujets qu'elles
peuvent repréfenter , elles ne font intéreffantes que quand le tout eft analogue au genre
de la perfonne qui en eft propriétaire : c'eft
une réflexion à laquelle on ne s'attache pas
affez.

Les cheminées font en marbre , une glace
au-deffus ; mais les parquets décorés en conféquence de l'endroit & des regles que nous
avons déjà données. Au furplus , dans chacune
de ces pieces on doit placer un bureau ; un
luftre peut embellir le fecond cabinet.

Souvent le grand fallon peut fuppléer au
grand cabinet, mais alors il doit être arrangé
en conféquence de nos obfervations pour le

genre & pour le caractere. Quoi qu'il en soit, il est toujours mieux d'en faire une piece particuliere : voyons donc ce qui lui convient.

Grand Cabinet.

Le jour doit y être favorable, &, pour cet effet, on le tirera du côté de l'Orient ; il ne faut pas qu'il soit trop vif par la multiplicité des croisées, il est au contraire avantageux qu'il y en ait plutôt moins que trop. Cet endroit sera parqueté ; si l'on y veut de la richesse & qu'on ne craigne pas la dépense, des compartimens en bois précieux & en ébénisterie y pourroient convenir : pendant l'hiver tout le plancher de cette chambre sera couvert d'un superbe tapis. Le plafond doit être avec corniche sculptée & dorée, mais que le tout y soit placé avec une main sage, prudente, & toujours avec une circonspection qui n'admet que des choses relatives. Un beau lambris de hauteur, dessiné en grandes masses & avec des compartimens, d'heureuses proportions propres à recevoir de beaux tableaux placés avec art & suspendus avec grace, conviendront au caractere général. La cheminée sera

en marbre blanc veiné, garnie de bronzes dorés d'or moulu, ainſi que le feu & les bras,
les candélabres qu'on peut placer dans les angles de la piece feront compoſés pour être
d'accord avec le meuble, ils peuvent être
dorés : une glace ornera la cheminée.

Les portes feront à l'enfilade de celles des
antichambres ; cependant comme il eſt néceffaire que les perſonnes qui ſe trouvent dans le
cabinet, n'y ſoient pas trop apperçues lorſqu'on
ouvre les portes, elles doivent être à une des
extrémités, & dans ce cas il en faut de doubles, arrangées de maniere qu'en ſortant,
on ne ſe trouve pas renfermé entre les deux
comme en priſon, ce qui arrive ſouvent. Au
ſurplus, elles doivent être d'une belle proportion, deſſinées avec de grandes parties,
& les moulures taillées d'ornemens ; le goût
doit dicter l'emmanchement de leur deſſus : on y mettra des tableaux ou des bas-
reliefs ; mais ces ornemens doivent tendre à
une forme pyramidale, & couronner le tout.
Quelquefois les deſſus des chambranles feront
avec friſes & des corniches, ſoutenues par des
conſoles couvertes d'une belle feuille d'acan

the. Dans la frife même on peut mettre des ornemens. Des enroulemens y réuffiront bien. La corniche & les chambranles feront dans tous les cas profilés d'un bon genre , & tiendront de la proportion Corinthienne , ainfi que tout l'enfemble de la piece qui fera peinte en beau blanc de Roi , & les moulures fculptées avec goût feront dorées , ainfi que les autres ornemens. Mais , encore une fois , pour bien prendre le caractere & le genre de la piece dont il s'agit , il faut que le tout foit arrangé de maniere , qu'il femble ne pouvoir être autrement. Mettez de la richeffe & rien de fuperflu, c'eft un principe dont on ne doit pas s'écarter, & fans lequel on ne peut atteindre au beau.

Il y aura dans cette piece un bureau avec fes acceffoires , & quelques corps d'armoires perdus dans les lambris , pour placer les papiers précieux qui ne peuvent refter fur le bureau ; c'eft un dépôt particulier auquel on ne peut donner trop de fureté.

Cette piece doit être au furplus accompagnée d'un arriere-cabinet & d'un ferre-papier , il lui faut auffi une garderobe & un dégagement.

Arriere

Arriere Cabinet.

L'arriere-cabinet eſt un diminutif du premier, il ne doit pas être trop grand, & en conſéquence la hauteur doit y être relative : par ce moyen on en tire un double avantage. Dans la hauteur de l'étage, on pratique un plancher qui procure un ſerre-papier ; on y communique par un petit eſcalier placé au fond de l'arriere-cabinet, dont l'entrée perdue dans les lambris ſera par le dégagement ou même par le cabinet. Il eſt conſacré à la tranquillité & au travail du Maître, perſonne n'y doit entrer. On aura ſoin qu'il ſoit parqueté & plafoné avec corniche, & d'y admettre une ſculpture légere ; la cheminée en marbre blanc veiné ; une glace au-deſſus ; un lambris de hauteur peint en blanc, ainſi que tout le reſte, même les futs du meuble : point de dorure, un bureau en bois de roſe couvert de maroquin, un ſerre-papier ſur le bureau, quelques chaiſes, deux fauteuils, c'eſt tout l'emmeublement.

L

Serre-papier.

Le ferre-papier eſt une piece où le Secrétaire met les papiers, dont on a beſoin journellement, car on peut ſuppoſer encore un cabinet des archives pour mettre les titres & les
pieces eſſentielles d'une maiſon. Nous en parlerons, en faiſant le détail du logement des
différens Officiers. Quant à l'enſemble du
ſerre-papier, cette piece ſera carrelée en
pierre de liais pour éviter les inſectes. Il y
aura dans le pourtour des corps d'armoires
vitrées en grands carreaux de verre de Bohême, le tout fermé ſous la même clef; le plafond avec une petite corniche qui couronnera
les armoires; point de cheminée, le feu eſt
dangereux; une table couverte de maroquin,
quelques chaiſes, cela ſuffit.

Garderobe.

Nous en avons aſſez dit ſur les garderobes
de propreté, celle-ci demande moins de recherche, l'intelligence de l'Architecte en
décidera.

Dégagement.

Le dégagement dont il s'agit doit donner fur quelque piece de diftribution, telle que peut être celle des bains, ou quelqu'autre piece ayant communication immédiate à la chambre à coucher. Ces dégagemens font effentiels dans la diftribution des appartemens pour la plus grande tranquillité des perfonnes, fur-tout, qui ont quelque repréfentation à obferver, au moyen de ces dégagemens. On fait que, dans la plupart des maifons, il y a des faux-fuyans, on peut croire que vous en avez profité pour fortir, pendant que vous êtes occupé dans l'intérieur. La chambre à coucher ne fera pas éloignée, & le tout fera relatif à l'état du Maître qui doit l'occuper, en confultant toujours le caractere & le genre de la piece que l'on traite.

C'eft à la fuite de pareils appartemens, & fur-tout celui d'un Prélat, d'un Miniftre ou d'un Magiftrat qu'on peut défirer une bibliotheque; cette piece eft effentielle, il ne convient pas d'avoir fes livres épars & fouvent répandus dans des corps d'armoires placés dans les an-

tichambres ; il faut nécessairement éviter cette
espece de désordre , il n'est pas décent de faire
un cabinet de travail de ses antichambres ; le
repos nécessaire ne pourroit y être établi. Les
livres sous de simples grillages ne sont pas
assez en sûreté , ils restent trop exposés à la
poussiere , à la fumée des poëles , & même à
l'incendie. En effet , on devroit avoir pour
regle générale , ainsi que dans maintes com-
munautés , de ne jamais entrer avec du feu
dans les endroits où il y a beacoup de livres.

Bibliotheque.

La bibliotheque est une piece qui mérite
attention , son caractere doit être noble &
sérieux. La proportion Dorique lui est propre,
le reste dépend des masses , ainsi que de la suite
naturelle de la lumiere & des ombres. Au surplus tous les jours ne lui sont pas égaux , l'aspect du Nord lui est le plus favorable : tout
triste que soit le jour de ce côté , il est égal , &
l'air qui en vient est contraire aux insectes qui
peuvent s'attacher aux livres & les ronger.
Les croisées cependant d'un seul côté ôtent la
symmétrie , c'est un inconvénient ; en feindre

de l'autre côté , c'eſt perdre beaucoup de place & faire une dépenſe ſuperflue : pour y remédier , ne ſeroit-il pas à propos d'éclairer ce lieu par le plafond , ſoit au moyen de chaſſis de verres , ſoit au moyen de lanternes ou de coupoles artiſtement rangées & diſtribuées. Ces parties peuvent être quarrées ou rondes comme nos ſalles à l'Italienne. Les quarrés ou les méſanines ſembleroient mériter la préférence. On ſera attention de les diſpoſer de hauteur d'enſeuillement , de maniere que le ſoleil ne puiſſe frapper ſur les corps d'armoires. De belles courbes partant du deſſus de la corniche qui couronnera les armoires , ſoutiendront cette eſpece d'attique , & le tout ne pourra manquer de faire un bel effet , ſi la voûte eſt continuée dans les intervalles avec des arcs-doubleaux & caiſſons. Peut-être dira-t-on que ce genre de décoration demande une grande hauteur de plancher , cela eſt vrai : mais en même temps rien n'empêche qu'à la hauteur de huit à neuf pieds il y ait une galerie artiſtement ſuſpendue , à laquelle on communiquera par de petits eſcaliers perdus dans le corps des armoi-

L 3

rés & l'épaiſſeur des murs., dans leſquels, lors de la conſtruction., on obſervera des vuides comme pour des baies de croiſées : cette galerie donnera la facilité d'atteindre tous les livres, ſans courir les riſques de monter à des échelles trop hautes & dangereuſes, alors de petits marche-pieds de quatre pieds au plus de haut ſuffiront pour la partie d'en-bas. Quant à celle de la galerie, il ne faut pas que le corps d'armoire excede ſix pieds de haut. D'après ces proportions & cet enſemble, le tout ſera noble & majeſtueux; l'uſage en ſera commode; les jours exciteront au recueillement & à l'étude. Entre chaque corps d'armoire, on placera les buſtes des grands hommes, portés ſur des gaines qui ſeront décorées, & ſur leſquelles les noms ſeront inſcrits. Cette précaution ſatisfait le ſpectateur, ménage l'amour-propre, & prévient des queſtions ſouvent importunes.

Il doit y avoir dans toute la longueur de la bibliotheque des tables couvertes de tapis, ce ſont les corps d'armoires qui donneront la diviſion de ces tables; entre chacune il y

aura un efpace de trois pieds au moins.
Peut-être ne feroit-il pas mal-à-propos de pratiquer de petits cabinets pour les perfonnes
qui aiment le recueillement , & femblent ne
pouvoir donner carriere à leurs idées lorfqu'elles favent être apperçues ; il ne faudroit
qu'une petite table & une chaife dans chacun de ces réduits ; une tablette à hauteur
d'appui y fembleroit utile pour pofer quelques livres , & ne pas embarraffer la petite
table.

Nous penfons que de beaux globes terref-
tres & céleftes font convenables & utiles
dans une Bibliotheque ; ils offriront encore
un genre de décoration noble & intéreffant.

J'aimerois mieux du carreau de pierre de
liais que du parquet. Si l'on fe plaint du froid ,
une foible dépenfe de tapis pour mettre fous
les tables y fuppléera. Le carreau a ce double
avantage , qu'il amaffe moins de pouffiere &
ne fert pas de refuge aux rats & aux fouris.
La petite fraîcheur qu'on lui reproche eft un
moyen d'empêcher les infectes qui détruifent
les livres & leurs couvertures.

Pour plus grande perfection , il convien-

L 4

droit que l'entrée fût vers le Midi , mais précédée d'une antichambre , & que , par le bout
opposé qui feroit vers le Nord , il y eût une
grande baie de croifée ; ces deux parties pourroient fe décorer avec la plus grande fymétrie , & on auroit l'avantage d'avoir un air
circulant qui fe renouvelleroit à volonté. Les
portes d'entrée pourroient être de fer garnies
de fortes tôles , & les chaffis en vitrage feroient auffi de fer avec des volets pareils à la
porte ; de maniere qu'on n'auroit pas de feu
à craindre par les deux extrémités. Les chaffis
pour les méfanines feroient alors de même
genre , ainfi que les bâtis des corps des armoires & les tablettes. Mais ceci n'eft pas relatif au plan que nous nous fommes propofé.
C'eft l'harmonie , ce font les proportions qui
nous guident , ce font les fenfations qu'elles
peuvent exciter , qui font l'objet de notre
travail. Nous y revenons avec empreffement.

Cabinet attenant la Bibliotheque.

Ce cabinet eft une petite bibliotheque où
fe mettent les livres les plus rares , les ma-
nufcrits particuliers & les objets qu'on ne veut

pas abandonner à la difcrétion de tout le monde. C'eft dans cet endroit auffi où l'on met les livres nouveaux qui ne font pas encore arrangés ; ce que nous avons dit pour la bibliotheque y doit être obfervé en général. Les jours qui viennent d'en-haut font plus favorables que ceux que l'on pourroit tirer d'une croifée à hauteur d'appui ; auffi confeillons-nous volontiers d'arranger ce cabinet, de façon que dans tout le pourtour il y ait un corps d'armoire de fix pieds environ de haut, couronné d'une petite corniche, & d'un focle fur lequel feroient pofés de diftance en diftance des vafes de bronze ou autres ornemens précieux. C'eft au génie, c'eft au goût à faire cette difpofition, en fe renfermant dans le caractere de la chofe. Du deffus on peut tirer les jours néceffaires pour éclairer, tel à peu près qu'un Peintre fait dans fon attelier ; ils en font plus fuaves, & ce moyen excite au recueillement & évite la diffipation.

Le plafond fera tout en blanc, on peut cependant y peindre fur un beau ciel *Apollon* & les *Mufes*.

Au milieu de cette piece il y aura une table

portée fur des pieds de fer & garnie d'un tapis verd. Cette couleur eft amie des yeux; des chaifes & des plumes, de l'encre & du papier font le furplus de l'emmeublement.

On pourroit encore défirer un petit arriere-cabinet, mais cet endroit n'eft qu'une piece ordinaire pour fervir de dépôt, & contenir les ballots de livres lorfqu'ils arrivent. Il fuffit de quelques corps de tablettes dans le pour-tour. Cette piece fera voûtée, les portes avec bâtis de fer recouverts en forte tôle, ainfi que les volets, les croifées avec pareils bâtis; ce font des moyens qu'on ne peut trop re-commander dans un endroit où il y a des papiers.

Cabinet de Médailles & d'Antiquités.

Le cabinet de médailles & d'antiques doit avoir en dimenfion pour fon plan un paralllé-logramme, qui aura une fois & demi en lon-gueur ce qu'il peut avoir en largeur. Il doit être parqueté & plafoné; on ne peut lui donner un jour trop févere; celui de l'Orient eft le plus favorable. Il y aura plufieurs belles ar-moires artiftement rangées; remplies de pe-

tits tiroirs garnis de coton , & fur lequel feront les médailles. Le furplus de la piece fera
avec tables de marbre blanc le long des murs,
fur lefquelles on mettra les bronzes & autres
morceaux. L'enfemble de cet endroit tiendra
de l'Ordre Dorique. Les croifées , les portes ,
les trumeaux , les maffes enfin doivent en
avoir les proportions , ainfi que les profils. Il
faut beaucoup de févérité , toutes les formes
doivent y être deffinées quarrément , telles
à peu près que nous les avons prefcrites
pour le cabinet d'un Militaire.

Cabinet d'Hiftoire naturelle.

Le cabinet d'hiftoire naturelle doit former
une belle galerie ; peut-être pourroit-on défirer que les jours vinffent d'en-haut , ou au
moins du deffus des corps d'armoires qui doivent être dans tout le pourtour. On pourroit
donner à chaque corps le genre d'ornemens
qui feroit propre aux objets qu'il renferme-
roit , quoique tous égaux en maffes & en
compartimens pour ne rien déranger de la fymmétrie. Par ce moyen , à la feule infpection

de chaque partie , on connoîtra ce qu'elle
doit contenir. Toutes ces armoires doivent
être garnies de tablettes aux hauteurs qu'exi-
geront les différentes claſſes d'objets qu'elles
renferment. C'eſt à celui qui en aura ſoin à
décider. Au ſurplus, toutes les portes en doivent bien fermer , & être garnies de grands
carreaux de verre , pour éviter la pouſſiere
& pour faciliter la jouiſſance.

Les bas de ces armoires formeront à hauteur d'appui des eſpeces de buffets plus profonds de ſix à ſept pouces que les parties au-
deſſus. La tablette qui couvre cette ſaillie
ſera en marbre blanc , & procurera l'avantage
de pouvoir poſer différens objets , en attendant qu'ils ſoient placés , ou lorſqu'on veut
les voir de près ; c'eſt un moyen auſſi de
donner retraite aux corps un peu forts , &
qui demandent de la place.

Tout cet endroit ſera en carreaux de pierre
de liais & plafoné : l'enſemble doit tenir de
l'Ordre Ionique. Les richeſſes de la nature y
ſont raſſemblées , mais ces richeſſes y ſont
encore brutes & dans leur premier ordre. C'eſt
à la nature même que ce lieu eſt deſtiné ; ſon

caractere est simple, mais noble; sa beauté est pure & sans art.

L'Ionique fournira donc les proportions convenables. A côté de cette piece il en faudroit une autre moins grande, garnie seulement de tablettes pour servir de dépôt, & même pour y laisser travailler lorsqu'il s'agit de réparations.

Cabinet des Machines.

Ce cabinet sera traité dans le même goût que celui d'histoire naturelle, mais le caractere en sera différent. On se servira des proportions de l'Ordre Dorique; il est sévere, la sévérité est une suite des réflexions, & c'est la sensation qui y est propre.

Tel est l'ensemble d'une bibliotheque & des différens cabinets précieux pour le genre de science qu'ils renferment. Mais comme l'esprit ne peut être toujours occupé, passons à d'autres distributions, telles que celles de la salle à manger.

Salle à manger.

Dans les grandes & dans les nombreuses distributions que les Anciens donnoient à

leurs édifices, ils pratiquoient plusieurs salles
de festin. C'étoient des lieux vastes, percés
seulement de portes & de croisées, mais sans
aucunes décorations ; ils ne pouvoient inspirer aucune sensation, l'idée seule d'un bon
festin avoit le droit d'exciter la joie.

Lucullus, ce somptueux Romain, fut sur-
pris par des amis qui lui demanderent à dîner. Ce Consul, sans faire connoître le repas
superbe qu'il désiroit qu'on servît, nomma
seulement à son Maître d'hôtel la salle d'*Apollon* où il vouloit traiter ; cela suffit pour donner sur le champ la fête la plus complette &
la plus somptueuse. Rien de mieux, mais
l'objet principal étoit le festin. Nous sommes
plus sensuels, sans être moins gourmands ; aussi
analysons-nous davantage nos plaisirs. Nous
voulons que la beauté du lieu en fasse un
des principaux objets. Disposons-le donc de
manière que la charmante *Hébé* soit jalouse
d'embellir le lieu que nous allons décrire ;
qu'elle y verse à pleins vases le nectar des
Dieux ; que la gaieté, la fraîcheur, les vives
couleurs, & le caractere de la belle jeunesse y
donnent le ton de décore. Que *Comus* y

devienne un dieu délicat , & *Bacchus* un dieu d'agrément.

Les portes seront au couchant , & précédées d'une superbe piece , où l'on dressera des tables pour recevoir & préparer avec symétrie les différens services. Le jour qui l'éclairera sera pris du côté de l'Orient ; les dehors de ce côté seront terminés par les points de vue les plus agréables. Les parterres , les bosquets , les fontaines , les cascades embelliront ce lieu pendant l'heure du dîner : le soir la décoration changera ; les lustres , les candélabres remplaceront l'éclat , les beautés de la nature ; par leurs répétitions dans les glaces , les richesses seront multipliées , & tiendront de l'enchantement. *Cloris* connoît l'effet des lumieres , & *Cloris* saisit cet avantage ; son triomphe est d'imiter la beauté & la jeunesse d'*Hébé*. Son humeur en devient plus gaie , elle contribue à la magie de l'ensemble , & y appelle les plaisirs délicats.

La salle à manger tiendra de la proportion de l'Ordre Ionique ; sa dimension sera relative au nombre de personnes qui doivent y être reçues ; qu'elle soit plutôt trop grande que trop petite ; il faut être à l'aise dans un repas, & il est essentiel que le service en devienne facile. La longueur de cet endroit sera en conséquence de sa largeur. En général, pour avoir une belle proportion, il faut donner au grand côté la longueur de la diagonale qu'on trouve dans le quarré du petit côté, c'est-à-dire, que le grand côté du parallélogramme sera à peu de chose près d'un tiers plus grand que le petit côté. Ce n'est pas une proportion de rigueur mathématique, notre but est de parler aux yeux sous la forme la moins compliquée.

Au lieu d'angles on peut former des pans pour y placer des glaces ; la répétition en est heureuse, si elles se trouvent posées suivant les regles de l'Art. Au-dessous de ces glaces on mettra des cuvettes de marbre blanc veiné, pour y rincer les verres, & recevoir une eau pure & limpide qui tomberoit pendant l'été, soit en nappe soit en cascade, & qui formant mille jeux différens, répandroit dans tout l'endroit une fraîcheur délicieuse. Pendant l'hyver, il faut éviter ce qui peut occasionner un humide désagréable, & se contenter

ter alors d'une petite quantité d'eau , en la laiſſant échaper du bec de quelques oiſeaux aquatiques. C'eſt à l'Artiſte à ſe renfermer dans les bornes relatives au lieu & à la ſaiſon. Quelles heureuſes répétitions par le moyen des glaces ! Quel mouvement dans tout l'enſemble ! Les Anciens n'avoient pas pareils avantages , ils ſembloient en reſſentir le beſoin: quelles recherches ne faiſoient-ils pas ? Liſons Pétronne , nous verrons la voûte d'une ſalle de feſtin imiter les mouvemens du ciel, & par une douce roſée répandre les parfums les plus délicieux. Il ne faut rien épargner , tout doit concourir à la ſatisfaction ; avec ſimplicité & ſans prétention.

Les croiſées qui ſe trouveroient placées dans les longs côtés ne pourroient que bien réuſſir ; étant à l'aſpect du Midi & du Nord. On y trouveroit le double avantage d'ouvrir & de fermer le côté le plus favorable , ſuivant la circonſtance. Dans les beaux jours d'été on profiteroit du Nord , dans l'hiver on auroit le Midi. Avec un peu d'attention on pourroit en tout tems y conſerver une température égale. L'art a de grandes reſ-

M

fources pour combattre la rigueur des faifons. L'été, ce font des jaloufies mouvantes,
ou des croifées fermées pour s'oppofer à l'ardeur du Midi. L'hiver, pour le côté du Nord,
on a des fourdines ou des contrevents mate-
laffés fermans bien exactement. Voulez-vous
tirer de la chaleur des cheminées voifines,
fans altérer, en aucune maniere, celles des
pieces ; faites ufage des tuyaux de chaleur.

On place d'ailleurs dans un des fonds de
la falle un poële bien deffiné dans une niche
artiftement décorée, & analogue à l'endroit.
Dans la partie oppofée on pratique une pareille niche avec une table de buffet qui fert,
ainfi que le poële, de piédeftal aux ftatues
dont on orne ces deux niches: ici c'eft *Hébé*,
là c'eft *Flore* ; les ftatues d'hommes n'y réuf-
firoient pas, il faut donner la préférence aux
objets agréables ; rien de févere, rien qui
puiffe en impofer ; les plaifirs ne veulent pas
de contrainte, tout doit refpirer l'aifance &
la liberté.

Nous avons vu quelquefois des poëles ifo-
lés en forme de focle, & au-deffus des co-

lonnes de la hauteur de la falle qui en font
l'ornement , & à travers defquelles paffe la
fumée. Dans ce cas , on fait régner dans tout
le pourtour de la piece l'Ordre d'Architecture qui lui convient ; ce qui étoit fujétion
devient ornement & d'une très - grande richeffe : dans les entrecolonnemens on place
des ftatues , on met des bas-reliefs , on introduit des médaillons au-deffus de l'impofte ;
enfin cette piece eft fufceptible du décore le
plus agréable , elle pourroit être incruftée en
marbres fins ; mais comme l'exécution deviendroit prefque impraticable par la grande dépenfe , contentons-nous du ftuc , avec compartimens de table & encadremens d'Architecture. Au défaut de ftuc , on peut peindre
le tout en marbre poli & verni. On fera attention d'apporter beaucoup d'harmonie dans
le choix des différentes couleurs ; des marbres
blancs veinés , & ceux de Sienne s'accordent
bien. Ceux d'une couleur gaie doivent avoir
la préférence. A l'égard des figures , s'il y en
a, elles feront blanc ftatuaire. La couleur des
meubles fera relative à celle des marbres ; il
doit régner dans le tout un accord dont les

M 2

yeux foient fatisfaits & l'ame contente.

Le décore des marbres eft un des plus beaux que l'on puiffe pratiquer ; il produit le plus riche effet. L'enfemble devient flatteur par l'affortiment ; & le vrai moyen d'y réuffir, eft de n'en employer que de deux ou trois fortes.

L'Ordre Ionique eft celui qui femble convenir le mieux à une falle à manger , comme nous l'avons dit : c'eft le caractere qui lui eft propre , & dont on ne doit pas s'écarter pour l'enfemble.

Cette falle au furplus eft fufceptible de mille décorations différentes ; tantôt ce fera un lambris de hauteur avec de grands paneaux renfermés dans un beau cadre , profilé avec art ; quelquefois on y fubftituera des tableaux. Le goût doit conduire dans le choix des fujets , ils feront toujours analogues à la piece. Jamais rien de férieux ; la gaieté, qui convient fi bien dans le repas, & qui eft le caractere propre du François , pourroit en être interrompue ; on a quelquefois des querelles dont on ignore le motif.

Alexandre , animé par une mufique trop

passionnée (1), tua Clytus l'un de ses favoris.
Il y a un air fort commun en Suisse qu'on
appelle la *danse des vaches* , on défend à
tout soldat , sous peine de prison , de le chan-
ter lorsqu'il est hors de son pays , autrement la maladie le prend , il déserte. *Aris-*
tote fait mention d'un usage établi chez les
Grecs d'adoucir les horreurs du supplice par la
mélodie. Le célebre *Tirtée* , en passant du ton
Lydien au ton Phrygien , décida de la victoire
que Sparte remporta sur les Messéniens. Pourquoi donc l'Architecture n'auroit-elle pas les
mêmes avantages & les mêmes droits sur notre
ame ? Si jusqu'ici nous croyons ne les avoir
pas éprouvés , c'est que nous n'y avons pas
fait attention. Heureux si ces réflexions peuvent engager à de nouvelles observations sur
cet objet de perfection de l'art de bâtir & de
décorer.

On dit , & cela est passé en proverbe , que ,
pour rendre un repas agréable , il ne faut
point que le nombre des convives soit au-
dessous de celui des Graces & au-dessus de
celui des Muses; dans ce cas on pourroit dé-

---

(1) Plutarque , au Traité de la Colere.

fit une petite falle à manger particuliere. Un endroit trop grand pour un petit nombre de convives paroît défert, on s'y trouve ifolé ; il faut que le lieu foit en rapport de ceux qui l'habitent : notre individu fe perd dans l'immenfité , & cette idée humilie notre amour-propre.

Un petit fallon octogone peut donc devenir d'un ufage néceffaire : on peut l'arranger de la maniere la plus intéreffante. La falle des bains peut fervir de modele , en changeant toutefois les attributs. Une table ronde eft agréable & propre à ce lieu , il femble même que cette forme y foit plus convenable ; perfonne n'y eft gêné par les angles , & chacun jouit également. On fe trouve vis-à-vis les uns des autres , la communication eft plus prompte & plus facile , l'élégance du fervice n'en eft pas altérée. Nous dirons même à cette occafion qu'on y pourroit pratiquer des recherches de luxe & de volupté. Qu'on faffe paffer par le centre de la table une tige d'oranger qui ombrageroit les convives , & répandroit fur eux fon odeur agréable , cet embelliffement ne remplace-

roit-il pas avantageufement le furtout le plus
fuperbe ? On verroit naître & fe développer
du fein de fon feuillage épais l'albâtre de fes
fleurs & l'or brillant de fes fruits. Les idées
prifes dans la nature plaifent toujours ; quelques beaux vafes de fleurs pourroient embellir les embrafemens des croifées , n'oubliez
pas le myrthe , c'eft un préfent des dieux ; la
Déeffe de Paphos le planta elle-même dans
les fombres vallées du mont Ida ; les amours
folâtrent fous fon léger feuillage. Dans les
champs de l'Elifée les amans heureux errent
en filence dans une forêt de jeunes myrthes.
C'eft à l'invention à créer , c'eft dans pareille
occafion qu'elle doit s'exercer. Donnez - lui
l'effor.

Cette piece charmante pour l'été ne le
feroit pas moins pour l'hiver , en obfervant
de l'échauffer par un poële placé dans l'épaiffeur du mur , & dont le fervice fe feroit par
la piece voifine : on peut pratiquer différens
tuyaux de chaleur , & y faire régner la température du printems dans la faifon des
frimats.

Le carreau doit être en marbre , & deffous

la table il faut un tapis pour pofer les pieds.

Si vous faites peindre le plafond , exigez un ciel calme & ferein, peu de nuages, l'ame en reçoit cette heureufe impreffion qui la dif-pofe à la jouiffance la plus douce , la plus tranquille : telles font les fenfations relatives à ce lieu , & tel eft le but auquel on doit tendre.

Si dans le ciel on peignoit quelques fujets, qu'ils foient entiérement analogues à l'en-droit : *Flore*, *Pomone* , *Bacchus* en feront les fujets. Evitez la confufion & la multi-plicité des figures ; il ne faut pas que l'œil foit trop diffipé. Le feftin & l'enfemble du lieu font les objets principaux.

On ne peut trop s'appliquer à donner à la falle dont il eft queftion un ton de gaieté ; mais en même tems il faut que ce caractere foit ménagé avec art.

L'enjouement, la propreté doivent en être la bafe , & fe réunir à la délicateffe & au goût.

Veut-on une fenfation douce, & qui con-vienne à l'endroit qui nous occupe ? on pla-cera le long des murs de la falle à manger

un petit amphithéatre de deux ou trois gradins
fur lefquels on rangera des fleurs toujours
fraîches , toujours nouvelles dans des vafes
d'une forme heureufe & bien deffinée ; leurs
vives couleurs , leur variété & leur odeur
portent à l'ame des fenfations agréables. Les
fleurs ont été de tout tems la parure des plus
beaux feftins : lorfqu'on fert les fruits , on en
met fur les tables pour embellir les defferts ,
& ranimer le repas qui commence à languir.
Dans les fêtes de campagne où regne la
joie, on prodigue les fleurs & les guirlandes.
Une jeune époufe , magnifiquement parée
le jour de fes noces , croiroit qu'il manque
une partie néceffaire à fa parure , fi elle
n'y ajoutoit un bouquet. Une Reine même ,
dans les plus grandes folemnités , quoique
chargée de pierreries , ne dédaigne pas cet
ornement champêtre. Veut-on célébrer la
fête de quelqu'un , on commence par offrir
une fleur ; fi l'hiver la refufe , l'art y fupplée.
N'épargnons donc pas cet ornement fimple
& naturel , mettons des fleurs dans des endroits où nous voulons de la gaieté , répan-
dons-en fur nos tables , plaçons-les au hafard &

fans fymétrie. Si nous mettons trop d'art,
une difpofition recherchée nuit à l'effet qu'elles doivent produire.

Une aimable *Actrice*, connue par les qualités du cœur & de l'efprit, qui fait analyfer
le vrai plaifir, a bien fenti la valeur d'une pareille idée. D'une ferre chaude elle a fait l'endroit le plus délicieux de fa maifon qui eft un
palais de Fée.

Une décoration de falle à manger ne pourroit donc que réuffir, fi elle étoit peinte avec
des fleurs dans de beaux encadremens, ainfi
qu'avec des guirlandes galamment jettées, &
qui rouleroient dans le pourtour de la corniche; j'ai vu de ces ornemens fculptés & co-
loriés avec art, qui faifoient un effet heureux,
le goût & le génie réunis font des prodiges : au
lieu de panneaux, on pourroit faire encore des
efpeces d'armoires peu profondes fermées
avec glaces, & qui contiendroient de beaux
trophées faits de ces fleurs artificielles, qui
femblent le difputer à celles que la nature,
cette mere féconde, produit dans les plus
heureux inftans.

Salle du Buffet.

La salle à manger est ordinairement précédée d'une antichambre où se trouvent un
buffet pour poser les choses les plus essentielles au service, & un poële qui non-seu-
lement échauffe la piece où il est posé, mais
qui par le moyen des tuyaux communique à
la salle cette douce chaleur si nécessaire quand
on est à table. Il sert aussi de réchauffoir pour
de certains plats, au moins place-t-on dessus
les piles d'assiettes, pour qu'elles ne soient
pas froides quand on les présente : rien n'est
plus désagréable que de voir des mets qui à
peine servis deviennent froids.

Cette piece peut être en carreaux de pierre
de liais, elle sera plafonée avec corniche,
& tiendra de la proportion Dorique ; on la
décorera dans le genre de la salle à manger. Si
cette derniere est en stuc, ou si elle est peinte
en marbre, la piece dont il s'agit doit l'être
aussi : mais dans ce cas il faut employer une espece de marbre plus commun. En effet, il doit
toujours y avoir gradation de richesse, c'est

un principe que nous répétons, & dont on ne doit pas s'écarter; dans un des bouts ou des côtés oppofés au paffage, il faut placer de grandes tables fur lefquelles on mettra par ordre les plats avant de les transférer dans la falle à manger; c'eft là que, d'un coup-d'œil, le Maître d'hôtel voit fi, d'après fon état, il ne manque rien, & fi tout eft rangé comme il convient; il n'eft plus tems, lorf-que le fervice fe fait dans la falle, de s'apper-cevoir de ce qui pourroit avoir été oublié. Tel intelligent que puiffe être celui qui or-donne, il lui faut quelque tems pour y re-médier.

On a befoin dans cette piece d'un bas de buffet pour les ferviettes de fervice, & pour mille autres petits objets. Il faut une place marquée pour pofer ce que l'on deffert. Par ce moyen, tout fera placé fur la table prin-cipale en auffi peu de tems qu'il en faut pour le changement d'une décoration d'Opéra. Le port & le tranfport des plats ne doit pas fe faire par les pieces principales d'un appartement, à peine peut-on le permettre par la premiere antichambre; il faut que, de la piece du buffet , il y ait un dégagement particulier pour aller aux Cuisines & aux Offices. Il y aura aussi un endroit pour déposer les vins & les liqueurs que l'on croit nécessaires pendant le repas ; cette piece doit être précédée d'une autre où l'on puisse mettre les bacquets pour les glaces ; & comme souvent dans ce lieu il tombe de l'eau , on le pavera avec des dalles auxquelles on donnera un peu de pente , afin que ces mêmes eaux puissent s'écouler & se perdre au-dehors par le moyen d'une conduite de plomb.

Il faut un endroit pour placer le bois de la consommation du poële ; peut-être même seroit-il encore à propos d'avoir une petite piece où il y eût un fourneau avec plusieurs réchaux pour servir de réchauffoir , & conserver la chaleur de certains plats au défaut du poële.

La salle à manger nous conduit naturellement aux cuisines , aux offices & aux endroits accessoires ; quoique ces pieces ne fassent pas un objet particulier de décoration , elles ont cependant un rapport de proportion & un caractere qui leur est propre , elles entrent dans notre plan : au surplus, le bon ordre & un accord général font le véritable objet de nos observations.

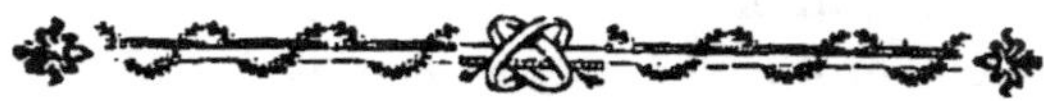

CUISINES ET OFFICES.

Cuisine.

La cuisine a ses arrangemens particuliers; la propreté en fait le premier attribut, elle semble annoncer l'excellence des mêts, elle exige une suite d'attentions, la disposition du lieu y contribue beaucoup. Les murs bien blanchis seront droits & sur une même ligne, afin d'éviter les ressauts qui, pour l'ordinaire, sont des magasins à ordures ; il est essentiel que cette piece soit bien éclairée, que la cheminée & les fourneaux reçoivent la lumiere directement ; celle des lampes n'est bonne que pour le travail de nuit, parce qu'elle est indispensable.

La proportion Toscane est celle qui appartient à ce lieu, elle annonce, par son air de force, l'idée d'une cuisine bien fondée.

Toute cuisine doit être spacieuse, l'exposition au Nord lui est favorable ; elle sera pavée & voûtée, autant qu'il sera possible :

les fourneaux placés le long des croisées auront vingt-huit pouces de hauteur au plus,
autrement les Cuisiniers sont gênés. Le nombre des réchaux & des poissonnieres sont en
conséquence de la maison. Souvent pour de
certaines fêtes il y a plusieurs cuisines. La
hotte de la cheminée doit être grande &
étendue, & couvrir la paillasse qui joint les
fourneaux; il y aura à l'âtre & au contre-
cœur des plaques de fer de fonte; celles du
contre-cœur seront entretenues par de grosses
barres de fer qui feront recouvrement sur les
joints, & qui sembleront réunir ces plaques
de maniere à n'en faire qu'une seule.

Ce sont pour l'ordinaire les parties du haut
des croisées qui s'ouvrent: plusieurs raisons
y engagent; la premiere, c'est que la chaleur monte toujours, & que par ce moyen la
vapeur se dissipe plus aisément; la deuxieme,
c'est que si les croisées s'ouvroient par le
bas, elles pourroient nuire aux plats qui seroient sur les fourneaux, occasionneroient
de la poussiere, & feroient voltiger des
ordures.

Il seroit peut-être à propos que tous les
chassis

chaffis fuffent en fer, pour éviter les accidens du feu ; on doit même obferver de faire les pieds de la table de la même matiere ; on en tireroit un double avantage, la grande facilité pour entretenir la propreté, & le moyen d'éviter le feu.

Les murs feront garnis de tablettes, dans tout leur pourtour on y placera, de diftance en diftance, des petits crochets pour fufpendre une partie des uftenfiles de cuifine.

Dans un des bouts il y aura un robinet avec une auge au-deffous, pour recevoir l'eau, & en même-temps pour laver le poiffon ; il faudra faire attention que la décharge de cette eau ne repaffe pas par la cuifine, mais qu'elle forte tout de fuite au-dehors, autrement l'humidité & l'odeur feroient défagréables, & ne s'accorderoient pas avec la propreté.

Au milieu de la piece il y aura une fongue table de bois de hêtre ; la plupart des autres tables feront fcellées dans les murs, ou pofées de manière qu'elles fe dérangent facilement, pour que l'on puiffe laver fouvent. A cet effet, on donnera au pavé une foible pente & un revers en conséquence, afin que toute l'eau puisse se rendre en-dehors, & le tout sécher promptement. Il vaut mieux paver une cuisine avec de bon pavé refendu en deux, en mortier, chaux & ciment, que de se servir de dalles qui deviennent dangereuses dans les chûtes; on y glisse aisément, pour le peu qu'il y ait quelques parties grasses répandues, ou seulement un peu d'eau; il en arrive les accidens les plus tristes, & avec le pavé on n'est pas sujet à ces inconvéniens.

Garde-Manger.

Attenant & par une entrée particuliere, il doit y avoir un garde-manger; il faut que son exposition soit placée au Nord, que les croisées soient en abat-jour, en forme de soupirail, de façon que les rayons du soleil ne puissent jamais y pénétrer: il est nécessaire d'avoir au moins deux baies de cette espece, afin que l'air circule dans le pourtour des murs. On mettra deux rangs de tablettes, & au-dessous de fortes tables; si l'endroit étoit voûté, il n'en vaudroit que mieux, & dans la partie la plus haute il faut sceller plusieurs

poulies qui , par le moyen de différentes traverfes de bois ou de cercles garnis de crochets , puiffent donner la facilité d'attacher
& fufpendre les viandes & le gibier : cet endroit peut être dallé en pierres. Il faut obferver que tous les murs foient bien enduits ,
qu'il n'y ait pas de trous , que tous les chaffis
ferment exactement , ainfi que la porte , afin
de ne pas donner d'accès aux rats & aux fouris. Au-devant des croifées , il doit y avoir
des barreaux de fer , garnis d'un treillis de fil
d'archal ; au lieu de carreaux de verre , le
chaffis doit être garni de toile , afin que l'air
puiffe fe renouveller continuellement.

Garde-Manger pour le Poiffon.

Quelquefois , pour la plus grande commodité & pour la confervation des mets , il faut
un fecond garde-manger , à l'effet d'y dépo-
fer le poiffon. Cet endroit fera pareil au précédent pour les jours , les dalles , les tables
& les tablettes. Il y aura un robinet pour
l'eau qui fervira à laver le poiffon , au-deffous une auge dont la décharge fe fera par
le dehors.

N 2

Ces pieces, ainſi que la cuiſine, doivent être précédées d'une eſpece de veſtibule qui puiſſe garantir leur entrée de la chaleur du Midi, d'autant que nous avons dit que leur jour ſeroit vers le Nord.

Bûcher.

L'entrée du bûcher, où ſe place le bois pour la conſommation de quelques jours, ne doit pas être éloigné.

Le charbon doit avoir auſſi ſon lieu particulier. Au ſurplus, c'eſt dans les caves où ſe place le bois, & il faut pratiquer des ſoupiraux ou des trous aſſez larges pour le jetter quand il eſt déchargé ; autrement ſi on le lançoit par l'eſcalier, les marches en ſouffriroient, elles ſeroient briſées, & la deſcente deviendroit impraticable en peu de tems.

Rôtiſſerie.

On pratique ſouvent une rôtiſſerie à côté de la cuiſine. Cette piece doit être pavée & voûtée, autant qu'il eſt poſſible, ainſi que la cuiſine & les garde-mangers. La cheminée ſera d'une grande étendue, & ſon manteau aura toute la longueur d'un des côtés ; les murs au contre-cœur feront en conféquence garnis de plaque de fer de fonte, les chaffis & les pieds de tables feront auffi en fer, comme il a été obfervé, en parlant des cuifines.

Pâtifferie.

Les mêmes remarques feront faites pour la pâtifferie qui eft dans le même canton. Cette piece doit être dallée & voûtée ; il doit y avoir une huche au-deffous des baies de croifées, une table au milieu avec des pieds de fer ; dans la partie latérale, une cheminée, dont le manteau recevra en partie la vapeur d'un fourneau fur lequel il y aura une chaudiere fixe, pour avoir de l'eau tiede au befoin, & qu'on tirera par un petit robinet qui y fera adapté. Au furplus, l'eau qui remplira cette chaudiere, viendra d'un robinet d'eau froide, qu'on pratiquera au-deffus ; de l'autre côté il y aura un four, dont l'ouverture fera difpofée en face des croifées, ou plutôt fuivant leur diagonale, de façon qu'on puiffe voir à travailler & à porter la vue jufques dans l'intérieur du four, lorſqu'on veut y placer quelques pieces de pâtiſſerie.

On doit au ſurplus poſer des crochets ou ſupports de fer au manteau, ou plutôt le long de la hotte de la cheminée, pour y placer les fourgons & les autres uſtenſiles.

Lavoir.

Le lavoir eſt l'endroit où ſe rapporte toute l'argenterie, les plats & les aſſiettes qui ont ſervi ; à l'égard des porcelaines, elles ſe remettent à l'office ou à l'endroit propoſé, qui eſt pour l'ordinaire un lavoir particulier.

Cette piece ſera pavée & voûtée, s'il eſt poſſible ; il doit y avoir une auge, une chaudiere & une cheminée en hotte. Le ſervice de l'eau ſe fait par un robinet branché ſur le tuyau qui donne de l'eau à la cuiſine, & aux autres endroits attenans ; la décharge s'en fera par le dehors.

Les baies des croiſées ſeront fermées avec chaſſis garnis de verre, & par dehors avec des barreaux de fer & des treillis de fil d'archal. Il eſt même à propos, ſi cette piece eſt à rez-de-chauſſée, de tenir les appuis à cinq pieds & demi ou ſix pieds de haut , pour la conſervation de l'argenterie qu'on y dé-poſe ; la porte de cette piece ne peut être trop bonne & trop bien fermée ; il faut des tables au pourtour des murs , elle doit être lavée ſouvent. C'eſt pourquoi il faut que le pavé ſoit en pente , & qu'on y obſerve les revers néceſſaires , afin que les eaux s'écou-lent aiſément au-dehors, & que le tout ſeche promptement. Nous avons donné les raiſons d'employer du pavé au lieu de dalle , cela pré-vient les plus grands accidens.

Commun.

Le commun eſt un endroit où les princi-paux Officiers & les gens que l'on doit nour-rir ſe raſſemblent; c'eſt une grande piece qui ſera bien éclairée, plancheiée en bois de friſe & plafonée. Pour la rendre plus complette, il faut un robinet pour de l'eau , & une cu-vette au-deſſous , dont les eaux ſe répan-dront au-dehors ; il convient d'y mettre un poële, ſi toutefois la cheminée de la cuiſine ne peut fournir de la chaleur par ſa plaque qu'on maſquera alors du côté du commun pendant l'été , avec des portes de tôle ifolées de trois pouces , & une ventoufe qui donnera fortie à la chaleur par-dehors , & en renouvellera l'air ; on mettra une foupape à cette ventoufe , pour renfermer & concentrer la chaleur pendant l'hiver. Si on ne peut fe fervir de ce moyen, on aura des tuyaux de chaleur qui prendront du contre - cœur de la cheminée de la cuifine , & parviendront en pente douce & montante , comme il a déjà été obfervé , à l'endroit qu'on voudra. Si cette piece n'étoit pas plancheiée, ce qui peut-être ne feroit pas le moins bien, & ce que j'aimerois le mieux pour la plus grande propreté , elle fera au moins en grand carreau de terre cuite : car, encore une fois, défions-nous des dalles , elles font perfides. Il doit y avoir une armoire ou un renfoncement fermé d'une devanture , & garni de tablettes pour y mettre le linge courant , ou plutôt les ferviettes qu'on donne aux domeftiques, lorfqu'ils vont fervir. Au milieu & dans la longueur de cette piece , il y aura une grande & forte table portée fur des pieds de fer qui feront fcellés dans le carreau , & dont

le raccord fera fait proprement ; autrement
cet endroit feroit fujet aux odeurs , telles
qu'on en a dans certains réfectoires; c'eſt ce
qu'on doit éviter avec foin : il ne faut pas de
refuge à ordure ; cette piece même feroit fufceptible d'être lavée au moins une fois par
femaine : à cet effet il eſt à propos d'y obferver une petite pente pour que les eaux puiſſent
s'écouler au-dehors , ou autrement fe rendre
dans une place commode pour y être épon-
gée : dans ce cas le carreau de pierre de liais
feroit préférable à tout autre.

Cour des Cuiſines.

La cour des cuiſines doit être aſſez grande
pour que deux charrettes au moins puiſſent
y tourner. Dans un des côtés il y aura une
efpece de remiſe pour charger ou décharger ,
dans les mauvais tems , les objets qui fouffri-
roient de l'humidité , c'eſt un refuge auſſi pour
les porteurs qui par ce moyen n'embarraſſeront
pas la cuiſine ou les corridors. On fera attention
de placer une auge en cette cour pour recevoir
l'eau d'un robinet qui fera au-deſſus. Au furplus il eſt eſſentiel d'obferver que les eaux de la

cuiſine ne doivent jamais paſſer par la cour principale , elles ſont pour l'ordinaire graſſes , mal-propres & de mauvaiſe odeur. Auſſi eſt-il de l'ordre de diſtribuer la maſſe des édifices , de maniere que la baſſe-cour des cuiſines & des offices ait ſur la rue une ſortie détachée & diſtincte de l'entrée principale ; cette même obſervation eſt auſſi pour les écuries & les remiſes dont nous parlerons dans la ſuite. Entrons dans le détail des offices.

Offices.

L'office entraîne après lui un grand nombre de pieces; il en faut une qui ſerve comme de veſtibule , & qui dégage à toutes les autres; 1°. la piece de travail où ſe font les confitures & les ſucreries ; 2°. celle où ſe dreſſent les deſſerts , une troiſieme pour ſerrer les ſucreries , une quatrieme pour les fruits , une cinquieme pour ſerrer les plateaux & les porcelaines ; une ſixieme pour toute l'argenterie ; enfin quatre autres pour loger l'Officier , ce qui fera dix à douze pieces eſſentiellement attachées à l'office, & qui doivent avoir enſemble des communica-

tions , des rapports , & fe réunir à la premiere : c'eſt ce que nous allons voir par les
détails.

Premiere Piece de l'Office.

Cette premiere piece doit être fort grande ,
bien éclairée , carrelée en grands carreaux
de terre cuite & plafonée ; elle ſert en général de dégagement aux autres pieces qui en
dépendent , elle eſt utile auſſi pour les porteurs & pour les hottes : il faut le long des murs
quelques tables un peu fortes : il doit y en
avoir en face des croiſées qui ſoient ſoutenues ſur des potences de fer ſcellées dans
les murs ; il convient auſſi d'y placer trois ou
quatre forts billots. En effet , c'eſt dans cette
piece que ſont les mortiers pour piler & faire
les pâtes ; c'eſt enfin dans cet endroit où ſe
font les gros ouvrages , & , pour bien dire ,
la diſtribution du tout.

Seconde Piece de travail pour les Sucreries.

Cette piece doit être bien éclairée , carrelée
en grands carréaux & plafonée ; en face des

croiſées il y aura des fourneaux garnis de réchaux , en quantité relative au travail de la maiſon ; ces fourneaux doivent avoir au plus vingt-huit pouces de haut , autrement le ſervice en eſt trop dur. La hotte de la cheminée ſera grande , & le four en face des croiſées , placé de la même maniere que celui de la pâtiſſerie , afin qu'on puiſſe voir au-dedans. Au milieu de la piece il y aura une table portée ſur des pieds de fer , comme nous l'avons déjà preſcrit ; dans le pourtour des tables & des tablettes : dans un coin , ou plutôt dans un renfoncement on pratiquera une étuve pour ſécher les ſucreries.

Troiſieme Piece où ſe dreſſent les Deſſerts.

Cette piece doit être fort grande , plus longue que large & bien éclairée ; elle ſera carrelée en grands carreaux de terre cuite & plafonée ; dans le milieu il faudra une longue table pour poſer les plateaux & dreſſer les deſſerts. Il ſera bon d'établir auſſi des tables le long des murs & en face des croiſées ; en général il les faudra un peu fortes , il y a des opérations qui le demandent. On établira un rang de tablettes au-deſſus de ces mêmes tables, & on placera un ou deux bas de buffet fermans à clefs, une douzaine de tabourets de paille; c'eſt tout ce qu'il faut dans cette piece.

Quatrieme Piece pour ſerrer les Sucreries.

Il eſt inutile que cette piece ſoit fort grande, elle doit être carrelée, plafonée, éclairée d'une baie de croiſée vers le Levant. Dans tout ſon pourtour il y aura des corps d'armoires bien fermans & des tablettes en-dedans. Souvent elle n'a ſon entrée que par l'appartement de l'Officier, & c'eſt le mieux. On en peut-faire une ſur celle où on dreſſe les deſſerts, mais elle doit être condamnée, & ne s'ouvrir que les jours où le travail eſt conſidérable & exige de la célérité. On pratique auſſi une étuve dans une des armoires de cette piece, il y a des momens où elle eſt eſſentielle.

Cinquieme Piece servant de Fruiterie.

Cette piece doit être renfermée entre quatre gros murs fort épais, & avoir son entrée par l'appartement de l'Officier ; il faut qu'elle soit fermée bien exactement & à double porte, les fenêtres tournées au Midi. Si on ne pouvoit avoir l'aspect direct de ce côté, on le prendra vers l'Orient, les autres expositions sont préjudiciables. Il faut de bons doubles chassis & doubles rideaux, par-dehors des grilles & des treillis de fil d'archal, sur-tout lorsque cette piece est au rez-de chaussée, qui est l'endroit le plus convenable & le plus propice. Une fruiterie ne peut être ni dans un grenier où l'air est trop froid, ni dans une cave où il est trop humide, le fruit y contracteroit un mauvais goût ; il n'y auroit pas de mal qu'elle fût de dix-huit pouces environ plus bas que le rez de terre. Il faut un lieu sec, l'humidité pourriroit une partie du fruit, le froid flétriroit le reste. Pour plus grande sureté il conviendroit de faire garnir cet endroit avec de grandes armoires exactement fermées ; elles réussissent parfaitement,

fi elles font doublées avec de fortes planches à rainures & languettes bien collées, de
façon que cet intérieur ne puiffe contracter
aucun air humide & étranger. On s'en tient
pour l'ordinaire à des tablettes garnies d'une
tringle qui empêche la chûte des fruits. On
donne aux tablettes un peu de pente , afin
qu'en vifitant les fruits de tems en tems , on
découvre d'un coup-d'œil tout ce qui s'altere ,
& qu'on le mette dehors pour conferver le
refte. Une planche nue eft nuifible aux fruits,
ils roulent l'un contre l'autre, & fe pourriffent
en fe heurtant. Leur propre poids fuffit pour
les faire meurtrir à l'endroit où ils touchent le
bois. La paille & la fougère, qu'on étend deffous, peuvent communiquer un goût défagréable , le fable les altere aifément par l'humidité qu'il contracte à l'ombre ; on n'a rien
trouvé de mieux en ce genre que de la mouffe
du pied des arbres bien féchée au foleil &
bien battue , le fruit y fait un petit enfonce-
ment où il eft mollement couché , on le vi-
fite , on le touche fans aucun rifque.

Une fruiterie bien entendue eft le moyen
le plus propre pour affurer à chacun des mois

de l'hiver la jouiſſance des fruits qui leur ſont deſtinés. On ſait que les fruits mûriſſent ſucceſſivement dans la ſerre, d'autant mieux qu'ils ſont à couvert de l'air extérieur. L'expérience nous apprend que c'eſt cet air qui les avance trop, qui les aigrit ou qui les aſfadit ſi promptement.

C'eſt d'après cette obſervation que je ferai part d'un moyen économique pour conſerver le fruit, & en avoir ſucceſſivement, ſuivant le tems qui convient à ſa maturité.

Il faut défoncer un tonneau fraîchement vuide, y faire placer différens rangs de tablettes, & deſſus ces mêmes tablettes y arranger ſur de la mouſſe, comme nous l'avons dit, le fruit qu'on peut conſommer dans une quinzaine. Pour réuſſir, le fruit doit être frais cueilli & pendant le beau tems, de façon qu'il ait toute ſa fleur. Le raiſin doit y être ſuſpendu la grappe renverſée, le tout ſera bien arrangé, mis en ordre, & dans les eſpeces qui doivent ſe conſommer pour le même tems; on fera enfoncer le tonneau, que l'air n'y puiſſe pas plus pénétrer que s'il devoit renfermer quelque liqueur, & on aura ſoin de

faire

faire note du moment où il doit être ouvert.
Il fera mis dans la fruiterie, avec précaution,
de peur de rien déranger ; on eft fûr de trouver à fouhait un fruit auffi beau que s'il
venoit d'être cueilli fur l'arbre , & avec cet
avantage qu'il fera façonné , & qu'il aura
acquis un degré de faveur qui n'eft ni âcre
ni fade , mais un agréable affemblage de
doux & de piquant qui fait la perfeétion du
fruit.

Sixieme Piece pour les Plateaux & les Porcelaines.

La piece pour les plateaux & porcelaines
doit être grande , carrelée & plafonée ; l'afpeét du jour eft indifférent : il faut dans le milieu
& dans le pourtour de grandes tables , &
au-deffus de celles qui feront le long des
murs deux rangs de tablettes. Il feroit à propos, qu'il y eût à la proximité un lavoir pareil , mais moins grand que celui des cuifines ; que la piece pour les plateaux & les
porcelaines eut fon entrée par le logement
de l'Officier , & que le lavoir en eut une
autre par le veftibule ou piece commune.

O

Septieme *Piece pour l'Argenterie.*

L'entrée de cette piece doit être effentiellement par la chambre de l'Officier, c'eft lui qui répond de l'argenterie, le tréfor lui en eft confié; cet endroit fera carrelé comme les autres pieces & il fera plafoné. Le long des murs il y aura des tables, & au-deffus un rang de tablettes, de façon que toute l'argenterie puiffe y être par ordre fur des nappes faites exprès de toile bleue, de maniere que, d'un coup-d'œil, on puiffe s'appercevoir des pieces qui pourroient manquer, & choifir celles dont on aura befoin. Un pareil arrangement ne peut être qu'agréable; le goût y doit concourir avec la richeffe. Cet endroit, au furplus, fera fermé avec fureté & avec précaution. Les portes feront bonnes & folides, les croifées, quoiqu'avec volets, feront fermées au-dehors par de bons barreaux de fer, avec fommiers & traverfes; on ne peut prendre trop de précautions.

Huitieme Piece pour le logement de l'Officier.

Il faut cinq pieces pour le logement de l'Officier. La premiere est une espece d'antichambre qui doit dégager & servir d'entrée à la piece des sucreries, à la fruiterie, à l'endroit où sera l'argenterie, & enfin aux pieces réservées pour son usage particulier ; savoir, une salle qui sera, dans l'occasion, utile au service de l'hôtel, une chambre à coucher, un cabinet pour placer les regiftres & pouvoir écrire, & un petit office pour ses essais.

Neuvieme Piece pour l'Aide d'Office.

L'aide d'office doit aussi avoir une piece, mais éloignée & dans les combles : un lit, une table & une chaise en font tout l'ameublement.

Logement du Maître-d'hôtel.

Ce logement consiste en sept pieces, une antichambre, une piece pour serrer nombre de choses dont il a la garde, un cabinet, une chambre à coucher, une piece pour recevoir les personnes & les Marchands auxquels il eſt dans le cas d'avoir affaire, deux autres enfin pour ſon utilité particuliere.

Cet appartement doit être très-près des cuiſines, puiſqu'il eſt du devoir du Maître-d'hôtel d'y veiller continuellement.

Logement du Chef de Cuiſine.

Le chef de cuiſine doit avoir deux pieces, &, autant qu'il eſt poſſible, elles ſeront à la proximité de ſon travail.

Quant à l'aide de cuiſine une piece lui ſuffit, elle peut même être placée dans les hauts.

Qu'on ne regarde pas cet arrangement comme une diſtribution forcée, elle eſt pra-tiquée dans nombre d'hôtels. C'eſt aujour-d'hui une eſpece d'uſage, il ſemble qu'on ne puiſſe s'en paſſer.

Paſſons au logement des Secrétaires, de l'Intendant, des autres Officiers & Domeſti-ques, nous parlerons enſuite des baſſe-cours pour les écuries & pour les remiſes, ainſi que des logemens pour l'Ecuyer, le Piqueur & les autres auxquels, pour l'ordinaire, on donne retraite.

Si nous nous étendions sur les Châteaux
dont les Maîtres font valoir partie des fermes ;
il faudroit ajouter à ce que nous avons dé-
crit beaucoup d'autres détails ; le Concierge
auroit son logement, ainsi que les Charre-
tiers & les Gardes - chasses : il y auroit des
granges, des greniers différens, des écuries,
des étables, &c. &c. ; le logement du Jar-
dinier & les serres n'y seroient pas oubliés.
Mais laissons ces objets, parlons du logement
des Officiers nécessaires pour l'ordre des maisons de ville, & contentons-nous d'entrer
dans les détails des basse-cours, des écuries,
des remises & de leurs accessoires.

LOGEMENS

DES DIFFÉRENS OFFICIERS.

Appartement du Secrétaire.

L'APPARTEMENT du Secrétaire doit être composé d'une antichambre, de trois cabinets, d'une salle de compagnie, d'une chambre à coucher, d'une garderobe, d'une cuisine, & de deux chambres de Domestiques, dont une pour la Cuisiniere & l'autre pour un Laquais.

L'antichambre est une piece ordinairement carrelée & plafonée avec lambris d'appui dans le pourtour ; les deux cabinets sont garnis de devantures & de corps d'armoires avec des verres de Bohême & des tablettes sur lesquelles sont posés les titres de la maison, qui sont d'ailleurs dans des boîtes & des cartons étiquetés rangés proprement & avec goût : le coup-d'œil est satisfait, & on y reconnoit tout à la fois l'utile & l'agréable ; l'esprit est fixé par l'idée des grands biens , & par l'ordre tenu pour les conferver.

Le troifieme cabinet peut être auffi garni d'armoires avec des cartons pareils à ceux des pieces précédentes : il feroit mieux qu'il fût orné d'un lambris de hauteur ; car autrement il ne devroit pas y avoir de cheminée , à caufe des inconvéniens du feu trop voifin des papiers. On peindra en blanc le lambris , la cheminée fera avec un chambranle de marbre , & au-deffus il y aura un parquet avec une glace ; un bureau couvert en maroquin , quelques chaifes, quelques fauteuils de velours d'Utrecht ; voilà l'emmeublement principal.

La falle de compagnie fera auffi avec lambris de hauteur, ce qui fe pratique ordinairement ; mais , fi l'on veut , on peut fe contenter d'un lambris d'appui & d'une tenture en papier , une cheminée de marbre commun, au - deffus un parquet avec glace , des cabriolets en velours d'Utrecht , des fieges courans en paille : telle eft en général la décoration de pareille falle.

Dans la chambre à coucher on pratique fouvent une alcove , ce qui forme naturellement une garderobe. Dans le pourtour de la piece, un lambris d'appui, une tenture en papier, & collée fur le mur ; une cheminée avec chambranle, une glace au-deffus, quelques fauteuils & des chaifes. Aux côtés de la cheminée des devantures d'armoires ; dans les unes on met des tablettes, dans les autres des porte-manteaux.

Nous ne dirons rien de la cuifine, on fent qu'il y faut peu de chofes ; quant aux chambres de Domeftiques, un lit, une table & des chaifes en font tout le meuble.

Logement du fous-Secrétaire.

Le fecond Secrétaire doit avoir deux pieces, l'une lui fervira de cabinet, & l'autre de chambre à coucher : quelquefois on pratique dans la premiere une alcove fermée de grillage. Alors cette piece lui fert de cabinet, & l'autre de falle de compagnie : un lambris d'appui dans le pourtour de ces pieces, du papier au-deffus collé fur le mur, quelques chaifes & un bureau, voilà l'appartement meublé. Si l'on ajoute une glace au-deffus du chambranle de cheminée, aux côtés de la

cheminée on peut mettre des devantures d'armoires; dans ce cas elles feront pleines , &
le même papier qui fait la tapifferie les couvrira. Dans l'une il y aura des tablettes , dans
l'autre des porte-manteaux.

Bibliothécaire.

C'eft quelquefois le deuxieme Secrétaire
qui a le foin des livres ; quelquefois c'eft particuliérement un homme lettré qui en fait
les fonctions; il lui faut alors trois pieces ,
une antichambre une falle de compagnie ,
& un cabinet dans le fond duquel fera une
alcove fermée d'une devanture avec grillage
& ouvrant à deux venteaux; au fond de l'antichambre il peut y avoir un retranchement
éclairé d'un vitrage pour y loger un Domeftique. Ce logement fera d'ailleurs meublé
comme le précédent , avec lambris d'appui ,
papier au-deffus , parquet de cheminée avec
glace ; on mettra dans l'antichambre un poële ,
& les deux autres pieces feront à cheminée.

Logement des Enfans de la Maifon.

Nous diftinguerons deux appartemens , celui des garçons & celui des demoifelles.

Il eſt vrai que juſqu'à un certain âge, qui eſt celui de cinq ans, tous les enfans ſont enſemble avec une Gouvernante & une Do-meſtique. Alors il faut cinq pieces, une antichambre, une grande piece pour les exercices, une chambre à coucher aſſez grande pour contenir les lits néceſſaires, & notamment celui de la Gouvernante; une autre pour les armoires & le linge; la cinquieme enfin pour la Domeſtique. Il ſeroit encore avantageux qu'il y eût une garderobe éclairée & aérée, on y placeroit les tables de nuit & une armoire pour le linge ſale.

Ces pieces n'ont pas de décoration particuliere; une ſimple cimaiſe à hauteur d'appui dans le pourtour, & au ſurplus du papier collé ſur les murs. L'antichambre doit être échauffée par le même poële qui ſervira dans la grande piece; ces poëles ſont ordinairement de faïence, ils ne portent aucune odeur, le ſervice s'en fait par l'antichambre, afin que les enfans ne puiſſent jouer avec le feu, & être victimes des accidens qui peuvent en réſulter.

Les deux autres pieces ſont à cheminée

avec parquet & glace au-deſſus. Des lits, des tables, des chaiſes ſont en général l'emmeublement ; il doit y avoir une grille & treillis de fil de laiton au-devant de la cheminée, ainſi qu'au-devant de toutes les croiſées. Cet appartement eſt pour l'ordinaire au premier étage, & ſon aſpect au Levant ; c'eſt une choſe eſſentielle pour la ſanté ; on ne ſauroit croire combien cela influe ſur le tempérament : nous ſommes des eſpeces de plantes, nous devons nous conduire & nous garantir en conſéquence des intempéries de l'air & des expoſitions fâcheuſes & mal-ſaines.

Logement des Fils de la Maiſon.

Lorſque les enfans ſont parvenus à l'âge auquel ils doivent prendre une nouvelle éducation, on leur donne un Gouverneur, quelquefois même un Précepteur & un Laquais.

L'appartement du Gouverneur & des enfans doit être compoſé de cinq pieces, une antichambre, une grande piece, une chambre à coucher pour mettre pluſieurs lits, & un cabinet pour le Gouverneur.

C'eſt à peu de choſe près la même diſtri-

bution & le même arrangement que le précédent. L'expofition doit être au Levant pour
la grande piece & la chambre à coucher.
Au furplus, tout ce que nous avons dit pour
l'appartement des enfans en général doit y
être obfervé.

Logement des Demoifelles.

Ce logement eft le même pour les deux
fexes, jufqu'à un certain âge ; les garçons le
quittent, lorfqu'on leur donne un Précepteur ;
l'appartement doit être femblable à celui du
fecond Secrétaire ou du Bibliothécaire, nous
y renvoyons donc ; il doit tenir à l'appartement des jeunes gens, ainfi qu'une autre
piece pour un Laquais.

Ce que nous avons à obferver en général,
& l'objet fur lequel on ne fait pas affez d'attention, c'eft que l'appartement des enfans ne
peut être trop gai ; les couleurs qu'on y emploie doivent être agréables ; ces chofes influent plus qu'on ne penfe fur l'humeur habi-
tuelle : un afpect favorable, un bon air, beaucoup de propreté, font néceffaires à la fanté,
& décident fouvent le caractere de la jeuneffe,

développent ces idées riantes, & occafionnent cet enjouement qui fait dans la fuite les charmes de la fociété.

Logement de l'Intendant.

C'eft l'Intendant qui veille à tout, c'eft lui qui a la charge économique de la maifon ; c'eft à lui qu'en général les autres Officiers rendent les comptes ; il faut donc que fon appartement foit placé de maniere que rien ne puiffe lui échapper. Il convient de lui donner fept pieces, une antichambre, une falle de compagnie, un cabinet, une chambre à coucher, une cuifine & deux pieces de réferve pour ferrer nombre d'objets qui reftent à fa garde. L'emmeublement doit être propre & fimple. Aux côtés des cheminées il lui faut des devantures d'armoires, il ne peut avoir trop d'endroits fermans à clefs ; il y aura des lambris d'appui dans la plupart des pieces, & au défaut une fimple cimaife, le tout peint en grifaille, ainfi que les portes & croifées. Au furplus, tous les murs feront garnis de tentures de papier ou d'étoffe légere. La falle de compagnie, le cabinet & la chambre à coucher feront avec chambranles de marbre commun, & des parquets garnis de glaces au-deſſus. Aux autres cheminées il n'y aura que des chambranles de pierre de liais. A l'égard de l'antichambre, elle ſera échauffée par des tuyaux de chaleur, & par la plaque d'une des cheminées ; on y formera, ſi l'on veut, une niche pour un poële, dans laquelle on placera une tablette à hauteur de trente-deux pouces qui eſt celle d'une table, & au-deſſous paſſeront les tuyaux de chaleur, ainſi que la plaque qui ſeule, étant bien placée, peut échauffer.

Tout cet appartement doit être ſévere, il faut qu'il inſpire la réflexion, & qu'on y reconnoiſſe l'ordre & l'économie.

Logement des Valets-de-chambre.

Le logement des valets-de-chambre ne doit pas être éloigné de l'appartement du Maître. On les place ſouvent dans les entreſoles au-deſſus des garderobes.

Premier Valet-de-chambre.

Le premier valet-de-chambre doit avoir quatre pieces à ſa diſpoſition, une anti-chambre, une chambre, un cabinet & une grande piece avec des armoires pour mettre les linges & les habits de son Maître. L'antichambre, la chambre & le cabinet seront avec lambris d'appui ou cimaise, & papiers au-dessus. Les cheminées, ou de la chambre à coucher ou du cabinet, échaufferont l'antichambre, & seront avec des chambranles de pierre de liais, une tablette de marbre commun, & un parquet au-dessus avec glace, tel est l'ensemble. A l'égard de la grande piece pour mettre les habits, on y observera tout ce que nous avons dit en parlant de la garderobe pour les habits des Dames : mêmes soins, mêmes précautions pour l'aspect, pour le carreau ; mêmes attentions pour les armoires, pour les tables & les autres meubles.

Second Valet-de-chambre.

Le second valet-de-chambre doit avoir à-peu-près dans le même canton deux pieces, dont une comme antichambre dans laquelle il y aura des armoires pour serrer ce qui est à sa garde ; cette piece sera carrelée & plafonée, ainsi que la suivante qui est celle à coucher. A l'égard de cette derniere , le lit fera dans une alcove , avec des garderobes éclairées par des portes vitrées qui feront aux deux côtés de l'alcove ; dans l'une des garderobes il faut pratiquer un dégagement fur l'antichambre , on pourroit même tourner autour de l'alcove par le moyen d'une double cloifon , fi la profondeur de la piece le permettoit. La chambre à coucher au furplus fera avec lambris d'appui ou cimaife. Une tenture de papier , une cheminée à chambranle de pierre de liais , une tablette de marbre , & au-deffus un parquet avec glace , des chaifes de paille & une table : tel eft en général l'emmeublement qui peut convenir.

Premiere Femme-de-chambre.

Le logement de la premiere femme-dechambre contiendra trois pieces ; une antichambre , une chambre & une piece pour le travail des dentelles & menus ouvrages.

La premiere piece fera carrelée & plafonée , les murs couverts avec papiers , & par le bas une cimaife ; dans le fond une devanture d'armoire.

La

La chambre à coucher fera auffi carrelée & plafonée, on y pratiquera une alcove avec garderobes de chaque côté, une cheminée de pierre de liais avec une tablette de marbre commun, & un parquet avec glace au-deffus. Toute la piece fera tendue en papier, & il y aura une cimaife en bois ou un lambris qui fera peint en petit gris, ainfi que l'anti-chambre, les portes, les croifées & les armoires qui doivent être formées par des devantures de lambris aux deux côtés de la cheminée.

La troifieme piece fera en général meublée de même; il y aura cependant un côté au moins garni d'armoires avec des tablettes & quelques porte-manteaux; dans le milieu de la piéce on placera une table, il faut des chaifes en paille, comme dans les autres pieces, & une commode dans la chambre à coucher.

Seconde Femme-de-chambre.

La deuxieme femme-de-chambre aura un logement femblable à celui du fecond valet-de-chambre; il lui faudra feulement de plus une commode dans la chambre à coucher.

Le logement de l'une & de l'autre femmes-de-chambre sera pris dans les entresols au-dessus des garderobes de la Dame, ainsi qu'une autre petite piece pour la fille de garderobe ; mais cette derniere chambre ne demande qu'un lit, une table & quelques chaises. Il n'y faut pas dé cheminée ; on tapisse quelquefois cette piece avec papier commun, & pour la propreté, elle doit être carrelée & plafonée.

Lingerie.

La lingerie ne doit pas être éloignée des femmes. Ce sera une grande piece au Levant autant que l'on pourra, & on fera enforte qu'elle soit bien éclairée ; on y travaille, le jour est nécessaire. Dans le pourtour de cette piece, qui pour l'ordinaire est en entresol, on mettra des corps d'armoires avec des tablettes. Peut-être pourroit-on désirer que les portes de ces devantures fussent garnies de grands carreaux de verre, ce qui excite les personnes qui en sont chargées à maintenir l'ordre & la grande propreté. Nous en avons fait exécuter ainsi, & l'usage a justifié les motifs que nous venons d'expofer.

Cette piece fera carrelée & plafonée. Si l'on y met une corniche, elle couronnera les armoires : le tout fera peint en grifaille. Au milieu de la piece il y aura une table couverte d'un tapis vert pour y pofer le linge. Quelques chaifes de paille & deux petites tables courantes feront le refte de l'emmeublement.

Logement de la Femme-de-charge.

S'il y a une femme-de-charge, fon logement fera pareil à celui de la premiere femme-de-chambre, la troifier. piece fervira d'endroit de travail pour les ouvrieres qui feront occupées à raccommoder ie linge.

La propreté, le bon ordre & le bel arrangement font le caractere de ces endroits : ce font les fymboles de la véritable opulence. Il eft un lieu cependant qui n'en demande pas moins, c'eft l'infirmerie ; jettons-y les yeux.

Infirmerie.

L'infirmerie eft néceffaire pour retirer le Domeftique qui devient malade. Il eft d'une maifon honnête de s'y prêter, & l'huma-

nité l'exige. Cet endroit eft pour l'ordinaire compofé de cinq pieces, favoir d'une
antichambre, de deux autres pieces, dont
une pour les malades ordinaires, & l'autre
pour ceux à l'extrémité. Il n'eft rien de plus
cruel pour une perfonne indifpofée que d'en
voir mourir une autre à fes côtés.

Proche de la piece des malades il en faut
deux autres pour le valet-de-chambre Chirurgien qui dans ce cas eft infirmier.

Dans les trois premieres pieces on doit
entretenir la plus grande propreté ; elles feront en conféquence carrelées, plafonées &
peintes tout en blanc, les murs mêmes le feront auffi ; il y aura une cheminée avec
chambranle de pierre de liais dans chacune
des deux-pieces aux côtés de l'antichambre.
Dans la chambre des malades il faut trois ou
quatre lits, & dans l'autre un feul. Ces lits
doivent être en blanc pour être lavés fouvent, & prévenir par ce moyen le mauvais
air. Il convient que l'expofition foit au Levant, la porte en face de la cheminée y fervira de ventilateur ; cette difpofition pour
une infirmerie devient effentielle ; les deux

autres pieces ferviront de logement pour le
valet-de-chambre Chirurgien. La premiere
fera une efpece d'apothicairerie, on y fera
les médecines & les autres remedes néceffaires aux malades. Pour cela il y aura une
cheminée & un fourneau avec quelques ré- .
chaux, une armoire pour enfermer les dro-
gues & les médicamens qu'il faut avoir continuellement fous la main, le moindre acci-
dent feroit regretter de n'avoir pas pris cette
précaution ; d'un moment à l'autre on peut
en avoir befoin.

La cinquieme piece fervira de chambre à
coucher au Chirurgien, elle fera arrangée &
meublée dans le même genre que celle du
fecond valet-de-chambre.

Ordinairement l'infirmerie eft dans les
hauts, l'air y eft plus falutaire, fur-tout à
Paris ; au furplus on fera attention de n'y fouffrir aucune mauvaife odeur, & pour le plus
grand bien il convient de pratiquer au haut
d'une des croifées, & en place d'un carreau,
un *vagiftas* en forme de foufflets qu'on ou-
vrira & qu'on fermera plus ou moins, fuivant le cas. L'air eft renouvellé par ce moyen,

P 3

& le malade n'en peut reſſentir aucun inconvénient. On ſe ſert ſouvent de cet expédient
contre la fumée , ſi l'on connoiſſoit l'avan-
vantage de cette eſpece de ventilateur , il n'y
a gueres de piece habitée où l'on ne dût en
-faire uſage. On pourroit auſſi déſirer qu'on
ajoutât à toutes ces pieces un cabinet pour
placer une baignoire ; mais dans ce cas il ne
faudroit point qu'il fût éloigné. Par le moyen
d'une chaudiere au-deſſus du fourneau & d'une
conduite en plomb , on auroit aiſément de
l'eau chaude. On pourroit avoir un réſervoir
d'eau froide qui proviendroit des combles ,
ce réſervoir même eſt néceſſaire. En effet ,
dans les maiſons conſidérables il eſt eſſentiel
d'avoir de l'eau en réſerve dans un endroit
élevé pour obvier au feu ; tirons-en donc ce
double avantage pour l'infirmerie , l'eau de
pluie eſt très-ſalutaire.

Il faudroit encore à la proximité des in-
firmeries un cabinet & un ſiége d'aiſance ;
peut-être même ſeroit-il à propos de pratiquer une petite garderobe attenant la grande
piece des malades , dont le ſervice ſe feroit
par l'antichambre , on y placeroit une chaiſe.

percée : une feconde garderobe pour mettre le linge fale ne feroit pas moins utile ; il eft cependant plus à propos de porter ce même linge dans un grenier bien fermant , & l'étendre fur des cordes , ce font des petits foins qu'il ne faut pas négliger : on ne peut avoir trop d'attention , quand il s'agit de fecourir nos femblables : faififfons cette maxime ; elle eft empreinte dans les ames bienfaifantes , le cœur la diête & la charité l'ordonne.

C'eft ici le moment de parler d'une chapelle , ou au moins d'un oratoire.

Une chapelle eft néceffaire dans une maifon confidérable , pour que les devoirs de la religion y foient remplis en toute circonftance , & que les Maîtres y donnent le bon exemple. Si par des raifons particulieres on ne peut en avoir , on y fuppléera par un oratoire. Nous en avons parlé lorfqu'il a été queftion du palais d'un Prélat. Nous nous renfermerons donc dans les mêmes idées , & nous obferverons que ce lieu doit infpirer le recueillement , & porter au refpeât le plus profond. Les formes féveres , les ceintres furbaiffés , les plafonds un peu bas , les profils

peu abondans en moulure , des demi-jours ,
un autel en tombeau , un tableau bien peint ,
placé dans un renfoncement , & éclairé par
des jours provenans de baies dont on n'ap-
percevroit pas les ouvertures , contribueroit
à cette précieuse illusion. Ces moyens prennent leur source dans les regles savantes de
la perspective , leur application dépend du
génie & du goût. Est - elle bien saisie ? les
sensations sont en mouvement , elles produisent les effets qu'on a droit d'en attendre ;
un tel lieu ouvert à de certaines heures excite la piété , y entraîne. Quoi de plus intéressans pour le bon ordre?

Si l'architecture produit ces avantages réu-
nie à la peinture & à la sculpture , elle forme
une magie qui agit sur l'ame , de maniere à
lui faire éprouver des sentimens , des im-
pressions, & particuliérement ces sensations
tendres que l'on savoure avec tant de délices.

On reconnoît le véritable Artiste à la maniere dont il saisit les objets ; son habileté ,
son adresse , sa prudence se font connoître
en mettant toutes choses en leur place , &
en les traitant suivant leur caractere.

En effet , la jufte convenance doit toujours le guider ; c'eft un principe dont il
ne peut s'écarter , c'eft la bafe de fes fuccès
& le but de cet ouvrage.

Les baffe-cours , les écuries mêmes ont
un genre qui leur eft propre : voyons à le
faifir, à le développer.

L'afpeét du ciel , les jours , les dimenfions,
rien n'eft indifférent, chacune de ces parties
a fon effet. La commodité , la communication aifée , la diftribution , le développement
même de chaque objet doit nous occuper.
L'Architeéte chargé de veiller au bon
ordre , doit faifir d'un feul coup-d'œil l'enfemble de fes opérations. Il ne doit négliger , en aucune maniere , l'harmonie relative au caraétere, ainfi que l'ufage de l'endroit
qu'il veut traiter ; les baffe-cours & leurs
acceffoires en font fufceptibles , comme toutes les autres parties des édifices. Entrons
dans les détails.

BASSE-COURS.

Des Ecuries & des Remifes.

L'ASPECT des écuries doit être au Levant, & celui des remifes au Nord. Cette obfervation eft d'autant plus utile, qu'à toute autre expofition les chevaux maigriffent, & furtout au Midi. A l'égard des remifes, on fent combien le Nord leur eft précieux, puifque par ce moyen elles n'ont jamais de foleil; les voitures y font mieux placées, & non-fujettes au hâle qui néceffairement les fait fendre ou gercer.

Les baffe-cours en général doivent être dominées par le Nord : il faut que leur fituation foit telle que le fervice groffier s'en faffe par la rue ; il convient auffi que les eaux s'écoulent fans paffer par la cour de l'Hôtel ; il eft à propos même que la baffe-cour foit éloignée de l'édifice principal à caufe du bruit & des mauvaifes odeurs : il eft cependant effentiel qu'il y ait une communication immé-

diate entre la cour principale & la baſſe-cour.
La porte de ſervice dont nous avons parlé ne
doit s'ouvrir que par occaſion, & la clef en
doit être chez l'Ecuyer ou chez la perſonne
chargée de veiller au bon ordre.

Tous ces endroits, ainſi que les remiſes ,
ſeront avec pavés refendus en deux ; quant
aux baſſe-cours elles ſeront en gros pavés. Il
eſt à propos de pratiquer dans ces mêmes
baſſe-cours pluſieurs auges en pierres & des
robinets pour y donner de l'eau, on n'en ſauroit trop avoir, c'eſt à force de laver qu'on
entretient la propreté.

Juſqu'ici on a négligé dans nos hôtels de conſtruire des abreuvoirs, ce qui ſeroit cependant
un grand avantage, on pourroit tous les jours
y faire paſſer les chevaux : dans le cas d'incendie, ce ſeroit une reſſource des plus précieuſes.

L'exécution n'en ſeroit pas plus difficile
que le projet en eſt ſimple.

En effet, on raſſembleroit toutes les eaux
propres des combles; on feroit uſage même
de celles de la grande cour, ſi toutefois les ni-
veaux de pente le permettoient. Cet abreuvoir
auroit tous les avantages, s'il étoit arrangé &

conftruit de maniere qu'on pût le vuider de fond , ainfi qu'un baffin. Dans ce cas en le conftruifant arrangez-vous de maniere que le terrein foit élevé de cinq pieds , au moins , au-deffus du niveau du ruiffeau de la rue ; alors on aura quatre pieds à quatre pieds & demi d'eau , & par une bonde ou même par un robinet placé à propos on fe débarraffe des eaux quand on veut. Si on craint trop d'abondance dans de certains orages , on pratique des trop pleins , il eft aifé de répondre à toutes les objections ; avec un peu d'intelligence & quelque connoiffance de l'hidraulique , on en vient à bout ; la feule difficulté , c'eft l'étendue du terrein qui manque le plus fouvent. On peut obferver cependant qu'un abreuvoir de quatre toifes fur cinq peut fuffire pour laver & nétoyer un très-grand nombre de chevaux. D'ailleurs peut-on avoir trop d'eau dans les maifons un peu étendues ? Un réfervoir de cette efpece , qui n'eft fufceptible d'aucun entretien , feroit un vrai tréfor. Une pompe à cheval deviendroit peut - être néceffaire pour obvier aux tems de féchereffe , la dépenfe mérite peu d'at-

tention , fur-tout pour une maifon confidérable , & elle eft peu de conféquence en
raifon des avantages.

Ecuries.

Il doit y avoir quatre écuries plus ou moins
grandes , fuivant le nombre de chevaux qu'on
peut avoir à loger.

La premiere eft pour les chevaux de car-
roffe ; la feconde pour ceux de main ; la
troifieme moins grande eft pour les malades , & la quatrieme eft deftinée pour
les chevaux étrangers , tels que ceux des
Concierges des châteaux , des Fermiers ,
ceux des amis qui peuvent venir diner ou
fouper.C et ufage devient de plus en plus néceffaire par l'étendue de la capitale & les dif-
tances des différens quartiers. Comme on ne
peut connoître fi les chevaux étrangers font
fains ou malades , il eft bon qu'ils foient à
part , un Ecuyer prudent ne le fouffre pas
autrement.

On peut faire des écuries de quatre façons,
c'eft l'emplacement qui décide; il y en a de
fimples , de doubles , de triples & de qua-
druples.

Les doubles font celles qui font le plus en ufage , & en effet les plus commodes pour le fervice ; elles font auffi les plus agréables ; d'un coup-d'œil on s'apperçoit de ce qui s'y paffe.

Une écurie fimple doit avoir douze pieds environ de largeur dans œuvre ; une écurie double doit en avoir au moins vingt-deux, & quand ces écuries ont une certaine longueur , on leur en donne jufqu'à trente & quelquefois plus : la triple doit avoir trente pieds & la quadruple quarante. Dans ces mefures nous parlons des moindres largeurs , le plus ne fera que mieux. On conçoit que , dans les deux dernieres efpeces , il faut que les planchers foient portés fur des poutres foutenues pour l'ordinaire par des poteaux ou des colonnes, & dont une partie des hauteurs foit effacée par les rateliers & les mangeoires.

Les écuries voûtées font les meilleures : dans tous les cas il convient qu'elles aient une belle hauteur à caufe de l'haleine des chevaux qui , multipliée par le grand nombre , deviendroit nuifible ; le bois des planchers n'y réfifteroit pas long-tems , fur-tout s'il n'étoit recouvert d'un plafond épais.

Nous ne parlerons que des écuries fimples & des doubles; les deux autres ne fe pratiquent pas communément ; elles entraînent des difficultés. Au furplus , ce font les mêmes regles générales.

Si le jour donne directement fur les yeux des chevaux , il les rend ombrageux , il faut qu'il les frappe fur la croupe. A cet effet , dans une écurie fimple on pofe les auges & le ratelier fur le mur oppofé à celui d'où vient le jour. Quant à l'écurie double , comme on eft forcé de placer les chevaux le long du mur où font prifes les baies de croifées , il eft effentiel que le jour n'en puiffe partir qu'à dix pieds de haut : alors l'angle que le rayon de lumiere eft obligé de décrire ne peut frapper que fur le derriere du cheval , il n'y a plus rien à craindre , le tout eft dans l'ordre. La porte pour l'ordinaire fe trouve dans le milieu , ce qui eft commode pour le fervice : cependant elle peut être dans un des bouts de cette même partie latérale , & toujours à l'exposition du Levant, c'est le seul aspect favorable; on pourroit, si on veut plus de grandeur & de perfection, avoir aux deux bouts des écuries, des portes percées dans le pignon, c'est un moyen de faire circuler l'air; mais il faut observer que ces portes doivent communiquer chacune à une espece de vestibule, dont l'entrée sera aussi au Levant. Ces endroits ou especes de vestibules doivent être de la largeur des écuries, pour qu'on puisse avec aisance y défaire les harnois, & les déposer sur des broches en bois qui y seront scellées exprès. Ces portes dans les deux pignons ont encore l'avantage de laisser voir, dès l'entrée, l'écurie dans toute sa longueur, c'est l'aspect le plus agréable. On se plaît en effet à voir le bon ordre, le bel arrangement & la grande propreté; il est rare que ces qualités ne se rencontrent pas dans ces lieux, sur-tout si un Ecuyer y donne ses soins. La plupart sont d'anciens militaires, ils connoissent la discipline.

A dix pieds de distance des murs, de chaque côté, il y aura un ruisseau, & au milieu une chaussée, de façon que les personnes

fonnes qui vifitent ces endroits puiffent toujours avoir les pieds fecs, & y marcher com-
modément. On remplira cet objet , en donnant plus de largeur que ne le prefcrit la néceffité indifpenfable.

La pente du pavé depuis le mur jufqu'au
ruiffeau eft de deux pouces par toife : bien
des Ecuyers font fupprimer le pavé depuis
la rangée qui forme le ruiffeau jufqu'au mur ,
ils font battre cette partie en falpêtre , &
alors on met cinq pouces de pente fur la to-
talité des dix pieds ; il faut très-peu de pente
au ruiffeau , un demi pouce fuffit par toife ,
autrement le revers où fe placent les chevaux
deviendroit défectueux , puifqu'il les empêcheroit de fe tenir droits fur leurs pieds. Il
n'y a pas d'animal plus fufceptible de contracter une mauvaife habitude. Au furplus ,
toute la longueur de l'écurie fe fubdivife
en deux pour la pente , moitié fe prend
du côté du Midi , & moitié du côté du
Nord, ce qui doit être , fuivant la pofition
que nous avons donnée, fûr vingt-cinq toifes
de longueur un objet de fix pouces un quart,
en pente de chaque côté. Il faut y faire at-

tention lors de la pofe des mangeoires & des
rateliers , fur-tout dans ces grandes longueurs
qui , à la vérité , font très-rares quand on a
plufieurs écuries , comme nous en avons fait
connoître la néceffité. On obfervera cependant
que , fi la différence n'étoit que de deux ou
trois pouces de pente , il feroit inutile d'abandonner le niveau pour les rateliers & les mangeoires. Les mangeoires feront faites de platte-
forme de trois pouces d'épaiffeur , & les
bordures feront garnies de plattes-bandes de
fer , afin que les chevaux qui ont des tiôts ne
les détruifent pas , & que la propreté puiffe
y être confervée.

La mangeoire doit avoir un pied de profondeur fur un pied de largeur par le bas ,
& quinze pouces d'ouverture vers la bordure ,
dont le deffus doit être placé à trois pieds
& demi du pavé.

Il faut de douze pieds en douze pieds des
racineaux pour entretenir ces mêmes mangeoires dans l'épaiffeur defquelles ils fe perdent ; ils doivent fuivre la même inclinaifon
des mangeoires qui y font affemblées , & on
a foin de faire par-deffous un délardement ,

& d'abattre les arrêtes afin que les chevaux ne puissent pas s'y blesser, quelquefois on y pousse des ronds entre deux quarrés.

Les rateliers sont faits avec bâtis de charpente, & avec des roulons de bois de chêne tournés, quelquefois on se sert de bois de cormier, quoique moins beau en apparence, il est supérieur en qualité. Les rateliers ont trois pieds de haut il faut qu'ils soient inclinés dans leur pose. S'ils sont trop penchés ils ruinent la criniere des chevaux; s'ils le sont moins, le foin se tire plus difficilement, il y a même des parties que les chevaux ne peuvent avoir. L'Ecuyer décide cette pose. En général le quart ou au plus le tiers de la hauteur du ratelier doit suffire pour le déversement. Au surplus, la traverse du haut du ratelier doit être à sept pieds un quart du niveau de l'écurie près la mangeoire.

La poussiere qui est dans le foin, & qui tombe sur la criniere des chevaux & lui nuit, avoit fait imaginer de poser les rateliers presque à plomb; à cet effet le bas étoit fermé par une trémie, & on garnissoit de planches à rainures & languettes l'espace jusques sur l'auge, qu'on plaçoit alors en avant , en l'éloignant du mur d'environ fix pouces , de façon que toute la poussiere tomboit à terre fons caufer aucune incommodité. Il régnoit alors un air de propreté qui faifoit plaifir : mais l'inconvénient qui en réfultoit a bientôt fait abandonner cette précaution , l'expérience en a fait connoître la néceffité ; les chevaux maigriffoient à vue d'œil , il fembloit qu'on leur refufoit la nourriture ; on en a long-tems cherché la caufe , & après l'examen le plus rigide , on a reconnu que cette poussiere emportoit avec elle la graine des herbes ; alors le foin qui par lui-même eft groffier , manquoit de faveur & de fels propres à entretenir l'embonpoint des chevaux, il n'avoit plus cette premiere qualité , cette vertu effentielle fi propre à leur donner ce luifant précieux qui annonce leur bon état d'une maniere décidée : auffi dans nombre d'endroits les Ecuyers attentifs & vigilans ont-ils fait fupprimer cette invention. C'eft un foin de plus pour le palefrenier ; il eft obligé d'avoir plus fouvent le peigne & le morceau de ferge en main pour entretenir la criniere toujours propre , & ne pas laiffer fur la nuque du col du cheval l'espece de crasse que produit la poussiere.

Telle est la construction & tels doivent être posés les rateliers & mangeoires. Passons à la division & à la case de chaque cheval, observons qu'il faut un espace plus grand pour un cheval de carrosse que pour un de selle : on donnera quatre pieds pour un de carrosse , & trois pieds & demi pour un de selle ; chaque division doit être marquée par deux poteaux bien arrondis & tournés , avec une boule en tête , scellés de quatre pieds hors de terre au-dessous de la boule ; il y aura deux anneaux de fer pour y fixer un des bouts de la barre qui complette la séparation , & tient à un autre anneau qui est à la mangeoire. Ces poteaux bien alignés & d'un parfait niveau annoncent l'arrangement & produisent le coup-d'œil le plus agréable. Dans chaque case il doit y avoir trois boucles à la mangeoire pour y attacher le cheval ; à la traverse d'enhaut & au milieu de chaque case , une inscription portant le nom du cheval si c'est moins la curiosité que le bon ordre & la facilité du service qui exigent cette précaution. En effet ,

cette étiquette & la semblable posée au-deffus de la broche où font les harnois , pré-
viennent l'erreur & le changement. Un cheval
ne peut changer de harnois , il aura toujours
la même felle , la même bride. On eft fûr qu'il
eft bien embouché & qu'il ne peut être bleffé :
d'ailleurs on y trouve une grande facilité pour
indiquer au palefrenier les chevaux qu'on
veut employer ; c'eft un moyen d'être fervi
promptement. Tout va bien quand il n'y a pas
de confufion. L'ordre , l'harmonie font la bafe
& le principe de l'Architecture qui ne permet
jamais aucune négligence.

Aux deux bouts de ces écuries , il doit
y avoir une fupente pour les palefreniers de
garde , les chevaux demandent à être veillés
nuit & jour ; foit parce qu'ils peuvent
s'empétrer , foit parce qu'il peut leur prendre un colique , foit enfin pour obvier
à nombre d'accidens. Ces fupentes feront en forme de tribunes , & pour y monter on pratiquera un efcalier en échelle de
meûnier dans le fond des veftibules ; au
derriere d'une cloifon qui le mafquera ; au-
deffous de ce même efcalier , on placera un

grand coffre à avoine fermé d'une ferrure
ou cadenat ; & par le moyen d'une trémie
on y fait paffer du grenier l'avoine néceffaire
pour la confommation du jour. C'eft le feul
moyen d'éviter bien des abus , & de tenir
l'avoine toujours feche ; on ne craint pas
qu'elle foit mouillée dans le tranfport , on
eft à l'abri du vol , enfin le fervice en eft
plus aifément rempli.

Ces écuries doivent être éclairées par les
deux bouts au moyen des réverberes ; on les
allume par-dehors , c'eft par la fupente du
palefrenier que cela fe pratique. Dans ce cas,
la même lampe éclaire la fupente & l'écurie.
Le plancher fur lequel eft placé le lit du
palfrenier doit être conftruit de maniere
qu'il n'y ait pas de feu à craindre. Il eft avantageux qu'il foit en brique , par le moyen d'une
vouffure on en viendra à bout ; quatre pieds en
font toute la largeur , & le coucher eft un
fimple matelas qu'on met deffus ; il ne faut pas
que ces fortes de domeftiques foient renfermés , le fommeil ou la pareffe leur feroit
négliger de voir ce qui fe paffe.

Ecuries des Chevaux de selles.

On doit apporter la même attention pour les autres écuries , mais particuliérement pour celles des chevaux de main ; son étendue est fixée par le nombre des chevaux à y placer. On doit se ressouvenir qu'il suffit de trois pieds & demi pour la largeur de la case d'un cheval de selle : au surplus ce sont toutes les mêmes précautions qu'il faut prendre , & les mêmes dimensions à employer. Nous avons oublié de dire que l'auge doit être divisée par des planches de droite & de gauche , & de la largeur de chaque case ; cette précaution est d'autant plus nécessaire , qu'il y a souvent de chevaux qui se battent pour l'avoine , il y en a de plus gourmands les uns que les autres , & ayant dévoré plutôt leur portion , ils se jettent sur celle des voisins ; ce qu'il faut éviter : par-là on fait l'appétit d'un cheval , & on s'apperçoit s'il n'est pas malade.

Ecuries des Chevaux étrangers.

Pour l'écurie des chevaux étrangers on peut s'exempter de plufieurs de ces précautions ; on obfervera cependant qu'en général, l'auge doit être un peu plus baffe , ainfi que le ratelier ; on y reçoit journellement différens chevaux , & ils n'ont pas tous la même taille , fouvent même il y en a de forts petits. Il eft mieux auffi de paver cette écurie en entier , la propreté s'y entretiendra , on la lavera plus aifément , c'eft une loi de néceffité ; on donnera , fi on le veut, un peu moins d'efpace pour chaque cheval, ce qui fe pratique au moyen des boucles qui font à la mangeoire , on peut même fe paffer des poteaux : mais alors , fi l'on veut mettre des barres entre chaque cheval , on fufpend au plancher un chevron dont les arrêtes font abattues , & c'eft delà d'où partent les différentes cordes qui foutiennent un des bouts des barres , l'autre partie étant attachée à l'auge.

Ecuries des Chevaux malades.

On peut se contenter des mêmes principes pour l'écurie des chevaux malades ; qu'il y ait de quoi placer cinq à six chevaux , cela suffit.

Remises.

On doit avoir soin de placer les remises au nord , & de les construire , de sorte qu'elles puissent être divisées à ne tenir chacune que deux carosses , quelques - unes même un seul, chose essentielle pour ceux de parade. On donnera seize pieds de largeur à une remise à deux carosses ; celle pour un carosse en aura neuf au moins. A l'égard de la profondeur , il faut vingt à vingt - un pieds ; car il ne convient pas de relever le timon : cela gâte le train , & occasionne bien des inconvéniens. Est-on gêné par le terrein , & veut-on négliger les inconvéniens, quinze pieds de profondeur suffisent pour une remise ordinaire.

Chaque remise doit être fermée avec de grandes portes pleines , entretenues par barres & écharpes ; on doit même pratiquer un guichet à un des venteaux : c'est d'une grande commodité pour la visite des voitures.

Comme il y a des voitures de moindre valeur, on peut les placer dans des remises non fermées ; ce qui évite la confusion des portes, & procure la facilité du service ; en effet, on peut avoir alternativement une remise fermée & une ouverte ; par ce moyen, les guichets ne se croisent point.

Il faut douze pieds de hauteur à une remise ; les voitures varient ; on trouvera dans tous les temps cette dimension favorable ; dans l'intérieur de la remise, on doit placer des guides pour que la voiture soit conduite naturellement à la place qui lui est destinée. Ces guides sont des bâtis de charpente en triangles isocelles, dont les angles sont fixés par des poteaux, & dont celui en tête est arrondi, & porte quinze pouces de large ; quant à la base du triangle, elle doit avoir cinq pieds. On voit par ces dimensions que, lorsqu'une voiture a pris sa direction, elle est guidée de manière à ne pouvoir s'écarter, tel mal - adroit que puisse être un cocher ; la traverse de derrière qui fait la base du triangle, sert à arrêter les roues, & empêche que la voiture n'aille frapper contre le mur ; aussi la lice de derriere doit-elle être à dix - huit pouces du mur de nud à nud.

La hauteur de cette guide est de huit pouces en tête, & de seize pouces dans le fond. Plus de hauteur briseroit les marchepieds ; on doit y faire attention, souvent on y est trompé. Il convient de mettre des bornillons à l'entrée de chaque remise ; & on leur donnera seulement un pied de hauteur, afin que l'essieu de la petite roue puisse passer par-dessus ; ces bornes sont nécessaires, elles commencent à guider, & elles défendent les tableaux des portes des remises.

Attenant les écuries, il faut deux endroits ; l'un pour mettre les harnois, & l'autre pour les selles & brides ; l'exposition est indifférente.

Endroit pour les Harnois.

Cet endroit sera carrelé & plafonné ; autrement il seroit trop sujet à la poussiere. La propreté qui doit y regner, exige cette précaution ; il faut que de trois pieds en trois pieds il y ait des broches scellées dans les murs,

à fix pieds & demi au - deſſus du pavé. Ces
broches ſont des chevrons de quatre pouces,
arrondis par - deſſus , & faillans de deux pieds
environ des murs ; elles ſervent à accrocher les
harnois , & on en met ordinairement deux
ſur la même broche. D'après ce principe, les
attelages ſont diſtingués ; on met des cloiſons
de planches de chaque côté, à peu-près à la
même ſaillie que peuvent former les harnois.
On y pratique auſſi par le haut un pareil plancher , ſur-tout ſi l'endroit eſt élevé , & on
attache par-devant une tringle pour recevoir
deux rideaux qui recouvrent le tout. Au-deſſus de la tringle on met une inſcription qui
porte le nom de l'équipage.

Les broches que nous avons indiquées
dans le veſtibule des écuries ne ſont que pro-
viſoires & momentanées ; elles ſervent quand
on ôte les harnois des chevaux , ou lorſqu'on
ſe prépare à ſortir ; car l'endroit déſigné doit
être fermé ſous clef , & on ne doit y entrer
que quand il eſt néceſſaire. Les fenêtres en
ſeront grillées , & la porte à deux venteaux
bien fermée. S'il étoit poſſible d'y joindre une
petite cour dans laquelle il y eut un ap-

penti , on y laveroit à couvert les harnois :
dans ce cas il faudroit une auge & un robinet. A côté de la féparation de chaque at-
telage , il convient qu'il y ait une armoire fer-
mante à clef avcc plufieurs tablettes pour y
mettre les rubans, les cocardes, &c. afin de
prévenir le défordre. Alors chacun dans fon
département répond des inconvéniens. Dans
le milieu de la longueur de cet endroit , il
doit y avoir quelques tables de deux pieds de
large, cinq à fix pieds de long , autant d'efpace entre deux , & elles feront fur des pieds
de fer bien fcellés. On pave quelquefois
ces endroits , mais le carreau eft plus favorable , d'un entretien plus facile , & moins
fujet à la pouffiere.

Il feroit à propos de pratiquer dans cet
enfemble un endroit particulier en efpece de
boutique pour le travail du Bourrelier ; une
table & quelques tabourets y fuffiront.

Sellerie.

L'endroit pour les felles des chevaux de
main ne doit pas être éloigné ; il doit auffi être
carrelé & plafonné ; les croifées auront dés

barreaux de fer par-dehors, & les portes feront
bien fermées. Dans le pourtour, il faut des
armoires de quatre pieds de largeur environ,
ouvrant en deux parties. Quelquefois on les
met à couliſſes ; mais ſi elles ſont plus commodes pour prendre moins de place ſur la
piece, d'un autre côté, on eſt privé de l'a-
grément de tout voir d'un coup d'œil ; ces
portes peuvent être vitrées pour obliger à la
plus grande propreté, & entretenir le bon
ordre. Chaque armoire contiendra trois ſelles
qui feront ſur des eſpeces de pupitres trian-
gulaires inclinés, les brides au-deſſus, ſuſ-
pendues à des broches ou porte-manteaux en
bois, & au-deſſous une ou deux tablettes
pour les houſſes, les cocardes, les rubans,
&c. Le goût & les ſoins d'un Ecuyer attentif s'y feront ſentir ; on en peut former des
eſpeces de trophées ; & pour y contribuer
chaque bride ſemblera partir d'un nœud de
ruban, au-deſſus ſera écrit le nom du cheval
auquel elle eſt deſtinée. On peut varier cette
diſtribution, & lui donner une forme intéreſ-
ſante par la fierté des maſſes & des contours ;
le génie & le goût doivent s'y faire connoître.

Au milieu & dans la longueur de la piece il y aura une table pour poſer les ſelles & les brides que l'on voudra ſerrer , ou dont on déſirera ſe ſervir.

La ſellerie eſt plus ou moins grande , ſuivant le beſoin , mais il faut ménager à côté un endroit , pour que deux ou trois ouvriers puiſſent y travailler dans l'occaſion ; on s'en ſervira auſſi pour l'endroit des harnois , à moins que l'on n'en veuille un ſéparé ; il faut au milieu une table & quelques tabourets : ce lieu ſera carrelé , plafonné , & éclairé par une ou deux croiſées ; l'aſpect du jour lui eſt indifférent , & il ſeroit à propos de le ranger en forme de boutique de Sellier ; on y verroit plus aiſément ce qui ſe paſſe.

Baſſe-cour des Fumiers.

Attenant les baſſe-cours des écuries & des remiſes , il y a celle des fumiers qui eſt néceſſaire pour la propreté de la premiere , où rien ne doit traîner. Il faut , pour bien faire , que cette baſſe-cour ſoit au nord ; à cette expoſition , on pratiquera un grand hangard pour y placer les chariots & les groſſes voitures

tures de campagne. C'eft dans cette partie , &
deſſous ce même hangard , qu'on doit établir
le travail pour ferrer quelques chevaux rétifs ,
ou leur faire des opérations pour leſquelles
on eft obligé de les contenir.

On doit auſſi dans ce même canton avoir
une forge & une enclume ; à proprement parler , c'eft une boutique de Maréchal qu'il faudroit avoir.

Dans cette cour , ou plutôt dans une petite enceinte particuliere , on placera les latri-
nes pour les domeſtiques , & on fera attention
de les arranger de maniere qu'on ſoit obligé
d'y entretenir la propreté. Il faut que ces lieux
d'aiſances ſoient ouverts par-devant , qu'il y
ait des diviſions de trois pieds en trois pieds ,
& fermées d'une porte de bois de quatre
pieds de haut. Les ſiéges avec trémie ,
de la largeur d'un pied ſeulement , feront
formés par une piece de bois arrondi par-
devant poſée à ſeize pouces de hauteur ,
& afin qu'il ne puiſſe arriver aucun acci-
dent , on mettra en-dedans du ſiége une
barre de fer de treize à quatorze lignes
poſée ſur la diagonale , de façon que les ma-

R

tieres ne puiffent y féjourner. On pardon-
nera ce détail, l'Architecte ne doit rien négliger.

Au furplus, tous ces endroits doivent être
en gros pavés, & la fortie de la baffe-cour
des fumiers fera fur la rue; mais, comme
nous l'avons déjà dit, on ne s'en fervira que
dans le befoin ; les clefs en feront chez le
Suiffe, ou tout autre prépofé à cet effet, le
bon ordre le demande.

C'eft par cette porte auffi qu'entreront les
voitures de foin, de paille & autres qui feront
pour le fervice des baffe-cours; car, encore
une fois, on doit apporter tout le foin poffible pour que la cour principale n'ait aucun
embarras. On obfervera encore que les eaux
des baffe-cours, des cuifines, des écuries, &
des remifes même, paffent au-dehors fans la
parcourir, & il vaudroit mieux pratiquer
dans ces baffe-cours des puifards, que d'admettre l'incommodité des eaux dans la cour
principale.

Avec les écuries il faut des greniers, &
il doit y en avoir de différens pour le foin,
pour la paille & pour l'avoine.

Greniers à Foin.

Les greniers à foin doivent être d'une belle
étendue ; on les pratique ordinairement dans
les combles , & afin de les rendre plus commodes , on a le foin de monter les murs
de face trois pieds plus haut que le deffus
du plancher. Par le moyen de ce carré on
jouit de toute l'étendue , & on évite de dé-
truire & de déranger la couverture. Tous ces
greniers feront carrelés , & de diftance en
diftance on pratiquera des lucarnes fermées
par des contrevents dans lefquels il y aura
un ovale avec un verre : dans le milieu il
faut une lucarne principale , avec plancher en
faillie pour pouvoir monter le foin. Ce plancher fera avec appui en fer , de trois pieds
de haut , & les deux barreaux d'angle formeront un arc en fer , fervant à fupporter
la barre à l'extrémité de laquelle fe trouve
la chape & la poulie.

Nous avons dit que l'avoine devoit paffer
par une trémie pour fe rendre au coffre
qui eft dans l'écurie , fans être obligé de la
fortir en-dehors : il feroit à propos d'en pra-

R 2

tiquer une pareille , mais plus grande , pour le foin ; on éviteroit bien des accidens , & le foin seroit toujours & plus sec & plus propre ; ces trémies pourroient être à l'extrémité des vestibules des écuries , & dans ce cas c'est un retranchement qu'on formeroit.

Greniers à Paille.

On observera les mêmes choses pour les greniers à paille.

Greniers à l'Avoine.

Les greniers à l'avoine demandent plus de précaution , il faut qu'ils soient à la portée des escaliers par lesquels on y monte. Ils seront carrelés & lambrissés ; on aura le soin de n'y souffrir aucun trou à cause des rats & des souris. Au surplus on pratiquera des lucarnes comme aux autres greniers , elles seront fermées avec contrevents garnis d'un carreau de verre. Si on vouloit se servir d'une lucarne où il y eût un plancher en saillie pour monter les sacs , on formeroit un treuil comme chez les Boulangers.

Logement de l'Ecuyer.

L'appartement de l'Ecuyer ne doit pas être écarté des basse-cours, il doit y présider pour le bon ordre. C'est un des premiers Officiers, il lui faut un logement honnête & décent, il doit lui être relatif ; ainsi il aura deux anti-chambres, une salle à manger, un sallon, un cabinet, une chambre à coucher, une cui-sine, & deux ou trois autres pieces pour loger ses domestiques & faire ses arrange-mens particuliers.

A l'égard des meubles, ils doivent être à-peu-près semblables à ceux de l'Intendant & du Secrétaire.

Piqueur.

Le Piqueur doit être logé à l'instar du sous-Sécretaire, nous y renvoyons donc : il lui faudroit cependant une piece de plus pour mettre les équipages & les effets précieux dont il est chargé.

Il faut encore un grand nombre de cham-bres pour certains Palefreniers, Valets, Co-chers ; mais ce sont toutes pieces distinctes,

fans cheminée , éclairées d'une feule croifée ,
formant des efpeces de cellules dans lefquelles
un lit , deux chaifes & une table font l'emmeublement.

Valet de Chambre Tapiffier.

Nous avons oublié l'article du Valet-de-
chambre Tapiffier , mais il n'a pas d'endroit
fixe , on le place où on peut.

Il lui faut quatre pieces , une antichambre , une piece pour travailler , une chambre
à coucher & un cabinet. Toutes ces pieces
feront carrelées & plafonées. On lui donnera
deux cheminées , & dans la néceffité une
feule peut fuffire ; dans ce dernier cas on ne
pratiqueroit que celle de la chambre à coucher. Toutes les autres pieces feroient échauf-
fées par des poëles , & la plaque de la chambre à coucher échaufferoit le cabinet.

Il eft bon d'obferver que ce logement doit
être voifin du garde-meuble , cette piece eft
effentielle : c'eft dans cet endroit où on re-
tire tous les vieux meubles , où l'on retrouve
ceux de faifon , & où le Valet-de-Chambre
Tapiffier prépare , arrange & fait travailler
tous fes emmeublemens.

Garde-Meuble.

Cet endroit fera toujours placé à la portée d'un efcalier aifé & commode : le Nord eft fon expofition la plus favorable ; il fera carrelé & plafoné. Il y aura dans le pourtour des murs différens rangs de tablettes ; on placera même d'un côté de grandes armoires bien profondes pour ferrer tout ce qui eft étoffes ou meubles ployés , qui ne font pas de faifon , mais qui demandent à être confervés précieufement. Au milieu on placera une grande table portée fur des traiteaux de fer , elle fervira à déployer , frotter & nétoyer les objets qui en auront befoin.

Il y aura proche cet endroit une ou deux pieces pour y placer les gros meubles , on ne peut apporter trop d'ordre , on doit en faire un état ; chaque meuble y fera défigné par fon nom , fa qualité , fes dimenfions & par un numéro ; c'eft une efpece d'inventaire. Chaque genre aura fa claffe , de forte que dans le befoin on puiffe trouver dans le moment ce qu'on cherche. Le Valet - de - chambre Tapiffier aura lui feul la clef , puifque tout lui eft confié

& qu'il en doit répondre , sur-tout si on lui a donné en compte.

Nous observerons encore que tous les Laquais doivent être logés , ils auront chacun une piece sans cheminée ; il seroit même dangereux d'y en pratiquer : un lit , une table & deux chaises y suffisent. Toutes les clefs en seront différentes ; mais les serrures seront faites de maniere qu'il y aura un passe-partout général que l'Intendant seul aura en sa posséssion ; il est essentiel d'user de cette précaution pour l'ordre & pour les circonstances imprévues.

Manége.

Avant de quitter les basse-cours , ne seroit-ce pas le lieu de parler d'un manege ? C'est en effet un endroit dont on devroit être curieux , & que nos jeunes Seigneurs ne négligent que trop. Par état ils doivent aimer les chevaux , l'amusement en est noble & l'utilité décidée.

Quelle occasion pour montrer leur adresse & développer leurs graces ! Peut-être le défi des courses seroit-il plus rare ; mais un jeune

Seigneur n'auroit-il pas plus de mérite à ga-
gner lui-même la gageure, que de laisser
remporter cette palme par un Jacquet souvent trompeur ? Ne pourroit-on pas d'ailleurs
former des défis pour un certain nombre de
tours & de détours, en passant alternativement par différentes arcades ou entrecolonnemens ? Ce seroit une véritable adresse ; ce seroit une preuve certaine que l'on sauroit ma-
nier un cheval, le dompter & en être le
maître. Quelle satisfaction que de voir deux
jeunes Seigneurs partir ensemble par les côtés
opposés, & chercher à surmonter dans l'espace de tems le plus prompt les difficultés
qu'ils auroient pu se proposer, & auxquelles
auroient présidé le goût & le jugement ! Quel
plaisir de les appercevoir dans un autre moment le pistolet à la main tirer une tête de
Méduse, & la percer plusieurs fois dans la
suite d'une même course ? Les mouvemens
variés forment des obstacles, aussi les ver-
roit-on avec admiration si, à la suite de ca-
racoles répétées, ils frappoient un chapeau
qu'on leur jetteroit en l'air, & dans le même
mouvement, s'ils le ramassoient lorsqu'il se-

roit à terre ! Combien pourroit-on varier les occasions d'éprouver leur adresse , puisqu'elle peut fournir les moyens de se défendre & de vaincre son ennemi? Ces jeux, ces amuse-mens animeroient les feux d'un cœur patrio-tique. On s'imagineroit voir les dieux tuté-laires de la nation s'exerçant pour la défendre.

Les Anciens connoissoient bien la valeur de ces nobles exercices : leurs hippodromes offroient la magnificence la plus grande. Quels effets ne devoient pas produire de pareils exercices ! Quelles sensations de grandeur & de courage n'excitoient-ils pas dans l'ame ! Ils l'élevoient naturellement à l'héroïsme. Qu'on n'aille pas assimiler ces intéressans exercices à nos joûtes & à nos anciens tour-nois, superbes à la vérité, mais dangereux & funestes. On en a vu la triste expérience dans la personne de Henri II. Les exercices que nous proposons sont ceux qui font partie de l'éducation des jeunes Seigneurs , & qui font inséparables de leur état. On ne peut donc trop s'en occuper , & rendre intéres-sans des objets qui concourent à la gloire de la nation. C'est peut-être un reproche que nous aurions à faire à notre siecle de donner trop au frivole , & de ne pas assez s'occuper de ce qui peut produire l'émulation & former d'excellens militaires ; les bons exemples , les principes qu'on reçoit dans la jeunesse , développent souvent le germe des plus grands talens , des vertus mêmes.

Mais contentons-nous d'observer , qu'à la suite d'un bel appartement disposé pour un militaire , un manege bien composé & dessiné avec goût seroit utile & agréable. On pourroit en terminer heureusement le point de vue sur une des allées principales du jardin , en y plaçant sur un char triomphal attelé de quatre chevaux le dieu Mars , qui sembleroit vouloir fixer sa course dans l'hippodrome proposé.

Les colonnes qu'on pourroit employer pour la décoration de ce lieu seroient doriques , c'est l'ordre du guerrier ; ses proportions nobles & séveres lui conviennent.

Cette colonade seroit couronnée par l'entablement qui lui appartient , mais sur-tout par celui à mutules avec les métopes bien quarrés. Au-dessus il y auroit une belle ba-

luftrade relative à la proportion & au caractere de l'enfemble.

Peut-être pourroit-on fupprimer les bafes
des colonnes, il feroit même de la prudence
de le faire pour éviter les accidens, les angles faillans font dangereux lors des exercices : mais dans ce cas, afin que la colonne
eût toujours fa proportion de hauteur , au
lieu de la bafe , on pratiqueroit un tambour
plus fort d'un fixieme que le refte du fuft, ce
qui feroit une bande ; ces colonnes bandelées
dans le refte de la hauteur , & alternativement comme celles du Palais du Luxem-
bourg, feroient un bel effet, & feroient dans
le genre qu'on doit admettre pour un pareil
lieu.

Tout le deffus de la partie couverte du
manege feroit en terraffe, & feroit pour l'appartement un agrément de plus. On pourroit
le décorer de caiffes d'orangers, de myrthes
& de vafes : le boudoir , le cabinet de toilette
ne pourroient-ils pas être difpofés de maniere que cet endroit feroit leur jardin; il ne
peut y avoir une fituation plus heureufe ,
Mars & Vénus s'accordent toujours bien. On

obſervera toutefois que l'expoſition des croiſées de ces deux endroits doit être au Levant ;
de cet aſpeƈt favorable pour la compoſition
on tireroit les plus grands effets , & la partie
de la colonade en face des croiſées , tour-
née en conſéquence du côté de l'Oueſt , ſeroit éclairée pittoreſquement , au moyen des
rayons que le Soleil couchant darderoit ſur
cette partie. Il produiroit l'aſpeƈt d'une ſcene
théâtrale par le contraſte des ombres & de
la lumiere. Suppoſons en effet deux rangées
de colonnes ; les plus enfoncées ſeront en
partie obſcurcies par le plafond , & par l'entablement de celles qui ſont les plus proches
de l'arène ; les premieres au coniraire ſeront
éclairées depuis leur chapiteau juſqu'à leur
baſe ; la lumiere en ſera adoucie par la ron-
deur des futs , mais elle ſe réunira en grandes
maſſes ſur l'aire de l'intérieur du périſtile qui la
réfléchira avec beaucoup d'éclat : elle frappera
pleinement & ſans interruption tout l'entablement , & marquera diſtinƈtement chaque
membre ; elle ſe trouvera tellement diſtri-
buée , que les ombres feront un contraſte
d'autant plus précieux que les jours ſeront plus

vifs. Dans un autre moment des rayons affoi-
blis éclaireront encore les parties latérales ,
quand la partie fupérieure fe couvrira de la
premiere obfcurité du foir. Que de beautés !
que de charmes ! C'eft fur de pareils effets
que ia peinture puife les regles favantes de
perfpeétive & d'optique qui contribuent à la
magie de fon art. Pourquoi donc un Architeéte
habile négligeroit-il d'en profiter , fi la cruelle
néceffité n'y mettoit pas d'obftacle. En effet
un morceau , fuperbe en lui-même , fouvent devient froid ; quelle en eft la caufe ?
C'eft l'expofition , c'eft le défaut de contrafte des ombres & des lumieres ; jufqu'ici peut-être n'y a-t-on pas fait affez d'attention. On a fouvent blâmé certains ouvrages fans en connoître la raifon ; on eft injufte.
L'Artifte n'eft pas toujours maître de la fitu-
tion de fon fite. La façade de l'édifice de la
Monnoie (1) vers la riviere en eft un exemple bien frappant. Ce morceau heureufement

____

(1) Par M. Antoine de l'Académie d'Architeéture. La
premiere pierre en a été pofée le 30 Avril 1771 au nom
du Roi , & au mois de Mars 1775 on y a fait la tranfla-
tion des ouvriers.

conçu , bien compofé , de la plus grande harmonie , paroît monotone : la réuffite ne répond pas à ce qu'on pouvoit efpérer , qu'on y
faffe attention , l'expofition au Nord en eft la
feule caufe ; en effet point de jeu pour les ombres des corps faillans , tout y eft du même ton.

Jettons les yeux fur la colonade du Louvre
expofée au Levant , elle fait la preuve de ce
que nous avançons. L'effet des jours & des
ombres lui donne un relief , dont la grande
façade de l'hôtel des Monnoies eft malheureufement privée.

Revenons à la colonade de notre manege.

On pourroit mettre des vafes de pierre ,
d'une forme agréable & d'une proportion relative à l'ordre , au-deffus des piédeftaux qui
forment les travées des baluftres.

Comme dans les parties du milieu on pourroit former des avant-corps, alors on y accou-
pleroit les colonnes; dans ce cas les piédeftaux
au-deffus feroient couronnés de groupes, de figures , ou de trophées analogues à un manége.

C'eft ici qu'on doit donner l'effor à fon
imagination , pour parvenir au ton de grandeur , de nobleffe & de magnificence; il faut

que tout concoure au caractere & au genre
du lieu , la moindre négligence feroit impar-
donnable.

L'afpect d'un édifice de ce genre doit infpirer un fentiment noble. Le fon de la trom-
pette anime le guerrier & les chevaux mêmes ; le ton , les proportions , l'harmonie de
l'Architecture ont le même droit fur notre
ame.

Un manége conçu & exécuté dans fon
vrai genre termineroit de la maniere la plus
heureufe l'appartement d'un jeune Seigneur ,
dont les exercices doivent faire un des premiers objets d'éducation ; ils contribuent à la
fanté , à la force du tempérament , qualités
précieufes , fur-tout pour un Militaire.

Tel eft l'enfemble d'un grand & fuperbe
hôtel ; tel eft le caractere que chaque piece
doit avoir en fon particulier , & relativement
au genre des perfonnes pour lefquelles elles
font faites. Dans fes compofitions on ne peut
donner trop d'harmonie , elle doit être en
raifon de la maffe ; le défaut dans les dimenfions produit un effet défavantageux par un
contrafte qui déplaît & qui dérobe fouvent

jufqu'à

jufqu'à la reſſemblance des figures. Tout en Architecture a un genre qui lui eſt propre. L'Architecte intelligent doit ſe faire connoître dans les plus petites parties de ſon art.

Dans le ſiecle préſent le faſte eſt pouſſé au point, que nous ſommes obligés de pratiquer dans nos diſtributions beaucoup de pieces dont nos peres n'avoient pas l'idée; elles nous ſont ſuggérées par la volupté, par le luxe, par ce goût rafiné qu'autrefois on ne connoiſſoit pas. De ſimples tablettes, des armoires ſuffiſoient. Nos beſoins s'accroiſſent, l'exemple entraîne; on en ſera convaincu, pour peu que l'on conſidere les édifices nouvellement conſtruits ſur les boulevards, à la chauſſée d'Antin, le long des Champs Eliſées, & dans nombre d'autres endroits de notre capitale. Ce ne ſont pas des maiſons, ce ſont, à proprement parler, des palais, quoique la plupart ne ſoient occupées que par des particuliers. La magnificence s'y trouve jointe à la plus grande aiſance; rien n'y manque, ſoit du côté de la richeſſe, ſoit du côté de l'art. A leur aſpect on eſt étonné : mais l'ame eſt-elle pleinement ſatisfaite? C'eſt la queſtion.

S

On n'y apperçoit souvent que de vastes conf-
tructions où les différens genres, les différens
caracteres font confondus. Rien de relatif
aux perfonnes qui les occupent : on s'apperçoit à chaque pas que l'Artifte ne s'eft
propofé aucun but pour la bafe de fon travail. On y voit des étincelles de goût, &
rarement des enfembles bien médités & heureufement conçus. Ce font des éclairs qui
fe perdent dans l'immenfité, & ne laiffent
que l'apparence d'un beau ciel bientôt obf-
curci de nuages.

Le genre galant a été le plus fuivi, & ce
genre ne tient pas à beaucoup près le premier
rang. Souvent la fuite d'un appartement
manque des rapports néceffaires entre les
différentes parties. Ces pieces n'ont aucune
analogie par les caracteres oppofés qui s'y
trouvent. Étoit-il poffible de faire autrement?
Non. La plupart de ceux qui ont conftruit,
bâtiront au hafard, fans pouvoir deviner à
qui l'habitation feroit deftinée. Il eft cependant néceffaire de fe former une marche,
d'avoir une intention fixe. L'appartement
d'un Miniftre n'eft pas celui qui convient à

une petite maîtresse ; celui d'une petite maîtresse ne va point à un Magistrat, &c. Mais
n'entrons pas dans de plus longues discussions ;
le but que nous nous sommes proposé est de
faire connoître l'analogie de l'Architecture
avec nos sensations. Aussi, en parlant des distributions, nous sommes-nous attachés à développer le caractere propre des différentes
pieces. Nous avons fait sentir ce que le luxe
actuel exige, & la nécessité d'une progression de richesse entre chaque partie d'un
même appartement. Nous avons expliqué l'accord des masses, les détails, les profils, tout
ce qui peut tendre à un bel ensemble, & à
conserver cette harmonie, la base du vrai
beau qui émeut l'ame & fait naître les sensations : mais comme les principes sont les mêmes que ceux des décorations extérieures,
nous y renvoyons.

Ce seroit ici le moment de parler des édifices publics, de leurs usages, des sensations
qu'ils doivent exciter chacun dans leur genre,
& des ressources qu'il faut employer pour y parvenir. En effet, que n'aurions-nous pas à dire sur
les grands bâtimens qui doivent faire époque

pour l'avenir, & caractériser le goût du siecle
en préſentant le génie de la nation ? Mais ce
ſeroit un ouvrage d'une trop longue haleine,
il eſt à propos d'attendre le ſentiment du public ſur l'eſſai que nous mettons au jour. Si
les principes que nous donnons ont le bon-
heur de plaire, nous nous ferons un devoir
d'étendre nos idées, & de continuer l'ouvrage
dans ſes différentes parties.

FIN.

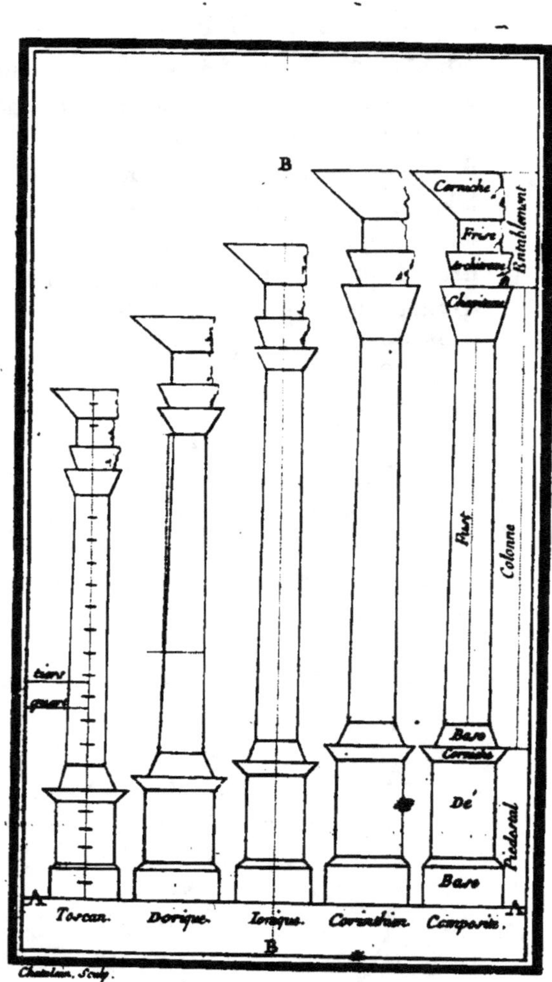

B
Corniche
Frise
architrave
Chapiteau
Entablement
Fust
Colonne
tiers
quart
Base
Corniche
Dé
Piedestal
Base
A
Toscan.
Dorique.
Ionique.
Corinthien.
Composite.
A
B
Chatelain. Sculp.

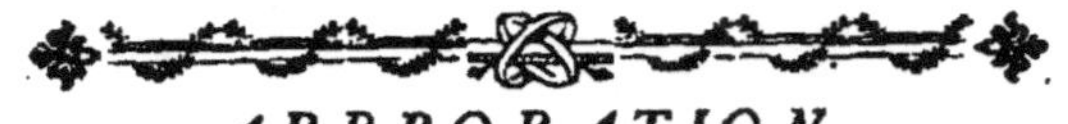

APPROBATION.

J'AI lu par l'ordre de Monseigneur le Garde des Sceaux un Ouvrage ayant pour titre : *Le Génie de l'Architecture, ou Analogie de cet Art avec nos sensations,* & je n'y ai rien trouvé qui puisse en empêcher l'impression. A Paris, ce 10 Février 1780.

MAUDUIT.

PRIVILEGE DU ROI.

LOUIS, PAR LA GRACE DE DIEU, ROI DE FRANCE ET DE NAVARRE; A nos amés & féaux Conseillers, les Gens tenans nos Cours de Parlement, Maîtres des Requêtes ordinaires de notre Hôtel, Grand-Conseil, Prévôt de Paris, Baillifs, Sénéchaux, leurs Lieutenans Civils, & autres nos Justiciers qu'il appartiendra : SALUT. Notre amé le Sieur LE CAMUS DE MÉZIERES, Architecte, Nous a fait exposer qu'il désireroit faire imprimer & donner au Public un Ouvrage de sa composition, intitulé : *Le Génie de l'Architecture, ou l'Analogie de cet Art avec nos sensations* ; s'il nous plaisoit lui accorder nos Lettres de Privilege à ce nécessaires. A CES CAUSES, voulant favorablement traiter l'Exposant, Nous lui avons permis & permettons de faire imprimer ledit Ouvrage autant de fois que bon lui semblera, & de le vendre, faire vendre par tout notre Royaume. Voulons qu'il jouisse de l'effet du présent Privilege, pour lui & ses hoirs à perpétuité, pourvu qu'il ne le rétrocede à personne ; & si cependant il jugeoit à propos d'en faire une cession, l'Acte qui la contiendra sera enregistré en la Chambre Syndicale de Paris , à peine de nullité , tant du Privilege que de la ceſſion ; & ?!ors par le fait ſeul de la ceſſion enre-giſtrée , la durée du préſent Privilege ſera réduite à celle de la vie de l'Expoſant , ou à celle de dix années , à compter de ce jour, ſi l'Expoſant décede avant l'expira-tion deſdites dix années. Le tout conformément aux ar-ticles IV & V de l'Arrêt du Conſeil du trente Août 1777 , portant Réglement ſur la durée des Privileges en Librairie. FAISONS défenſes à tous Imprimeurs , Libraires & autres perſonnes, de quelque qualité & condition qu'elles ſoient , d'en introduire d'impreſſion étrangere dans aucun lieu de notre obéiſſance ; comme auſſi d'imprimer , vendre , faire vendre , débiter ni contrefaire ledit Ouvrage , ſous quelque prétexte que ce puiſſe être , ſans la permiſſion expreſſe & par écrit dudit Expoſant , ou de celui qui le repréſentera , à peine de ſaiſie & de confiſcation des Exem-plaires contrefaits , de ſix mille livres d'amende , qui ne pourra être modérée , pour la premiere fois ; de pareillé amende & de déchéance d'état en cas de récidive , & de tous dépens , dommages & intérêts , conformément à l'Ar-rêt du Conſeil du trente Août 1777 , concernant les con-trefaçons. A la charge que ces Préſentes ſeront enregiſtrées tout au long ſur le Regiſtre de la Communauté des Impri-meurs & Libraires de Paris , dans trois mois de la date d'icelles ; que l'impreſſion dudit Ouvrage ſera faite dans notre Royaume & non ailleurs , en beau papier & beau caractere , conformément aux Réglemens de la Librairie ; à peine de déchéance du préſent Privilége : qu'avant de l'expoſer en vente , le Manuſcrit qui aura ſervi de copie à l'impreſſion dudit Ouvrage ſera remis dans le même état où l'Approbation y aura été donnée , ès mains de notre très-cher & féal Chevalier Garde des Sceaux de France le Sieur HUE DE MIROMENIL , qu'il en ſera enſuite re-

mis deux Exemplaires dans notre Bibliotheque publique ,
un dans celle de notre Château du Louvre , un dans celie
de notre très-cher & féal Chevalier Chancelier de France
le fieur DE MAUPEOU , & un dans celle dudit Sieur HUE
DE MIROMENIL : Le tout à peine de nullité des Préfentes. Du contenu defquelles vous mandons & enjoignons de
faire jouir ledit Expofant & fes hoirs pleinement & paifi-
blement , fans fouffrir qu'il leur foit fait aucun trouble ou
empêchement. VOULONS que la copie des Préfentes, qui
fera imprimée tout au long au commencement ou à la fin
dudit Ouvrage , foit tenue pour duement fignifiée , & qu'aux
copies collationnées par l'un de nos amés & féaux Con-
feillers-Secrétaires , foi foit ajoutée comme à l'original.
COMMANDONS au premier notre Huiffier ou Sergent fur
ce requis, de faire , pour l'exécution d'icelles , tous Actes
requis & néceffaires, fans demander autre permiffion , &
nonobftant clameur de Haro , Charte Normande , & Lettres à ce contraires. Car tel eft notre plaifir. Donné à Paris
le dix-neuvieme d'Avril, l'an de grace mil fept cent quatre-
vingt , & de notre Regne le fixieme.

PAR LE ROI EN SON CONSEIL.

LE BEGUE.

*Regiftré fur le Regiftre XXI de la Chambre Royale &
Syndicale des Libraires & Imprimeurs de Paris . N°. 1202.
folio 280, conformément aux difpofitions énoncées dans le préfent Privilége ; & à la charge de remettre à ladite Chambre les
huit Exemplaires preferits par l'article CVIII du Réglement
de 1723. A Paris , ce 21 Avril 1780.*

A. M. LOTTIN l'aîné ,Syndic.

Achevé d'imprimer, pour la premiere fois, par
Benoît MORIN, Imprimeur-Libraire,
rue Saint-Jacques, à la Vérité.

A PARIS,

Ce 22 Avril 1780.